Expreso gratitud a Dios por todas las bendiciones, Mi familia es la esencia de mi existencia.
Los quiero mucho.

Talita Caires

2024

Este libro pertenece a:

Talita Caires

Talita Caires

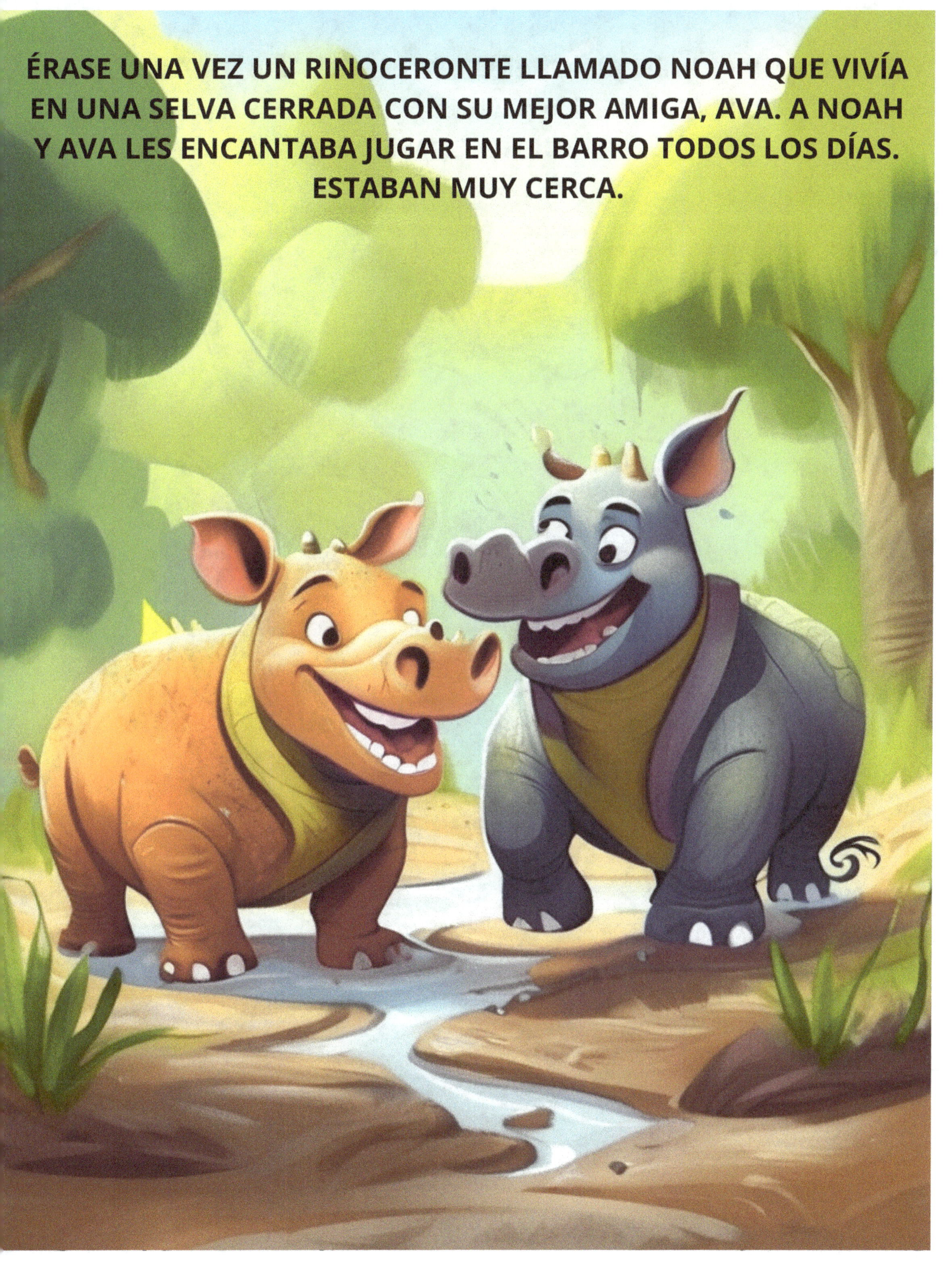

ÉRASE UNA VEZ UN RINOCERONTE LLAMADO NOAH QUE VIVÍA
EN UNA SELVA CERRADA CON SU MEJOR AMIGA, AVA. A NOAH
Y AVA LES ENCANTABA JUGAR EN EL BARRO TODOS LOS DÍAS.
ESTABAN MUY CERCA.

UN DÍA, UN JOVEN RINOCERONTE LLEGÓ AL BOSQUE Y AVA QUERÍA BIENVENIRLE. ENTONCES, FUE AL NOVATO Y HABLÓ MUCHO CON ÉL.

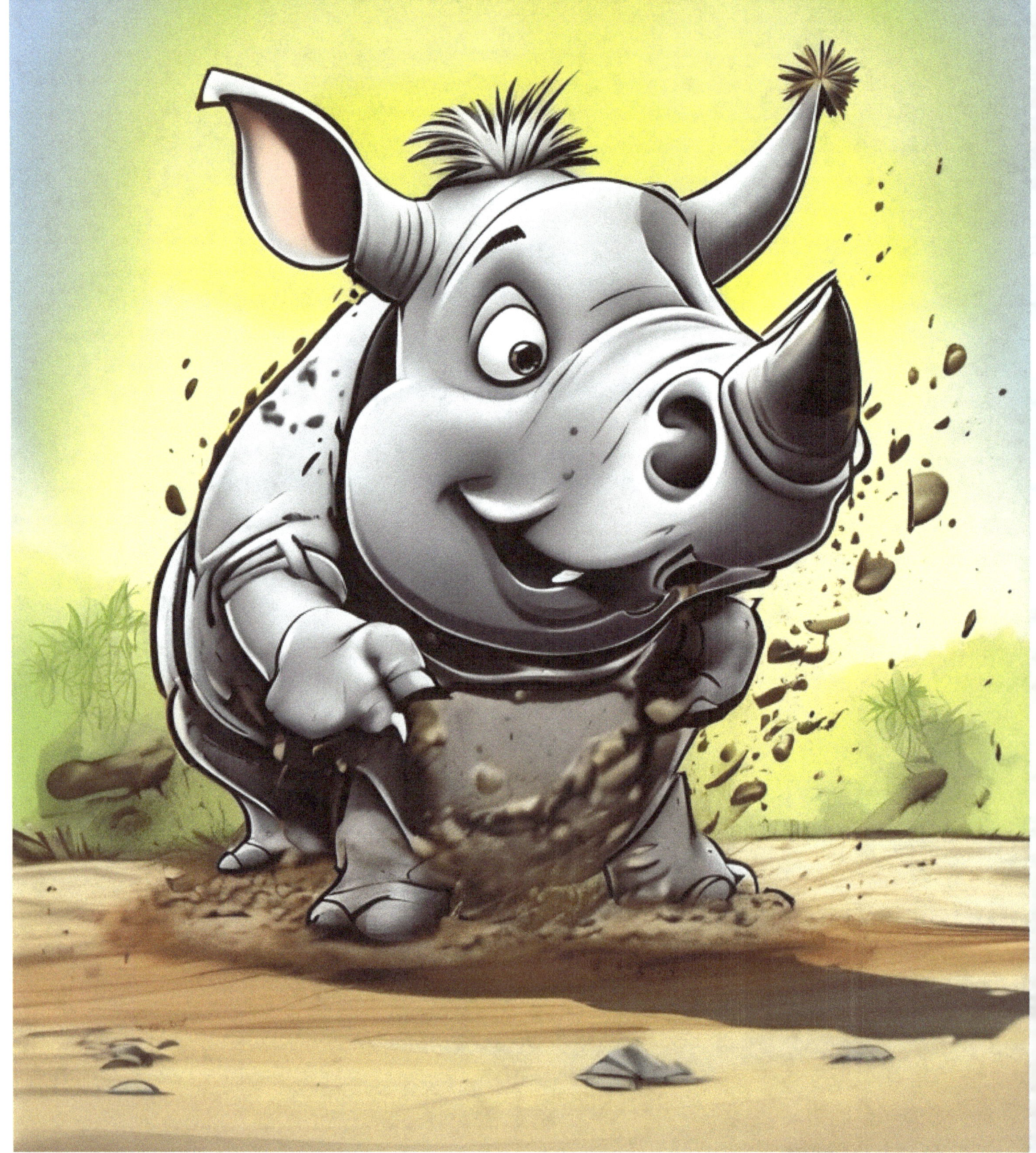

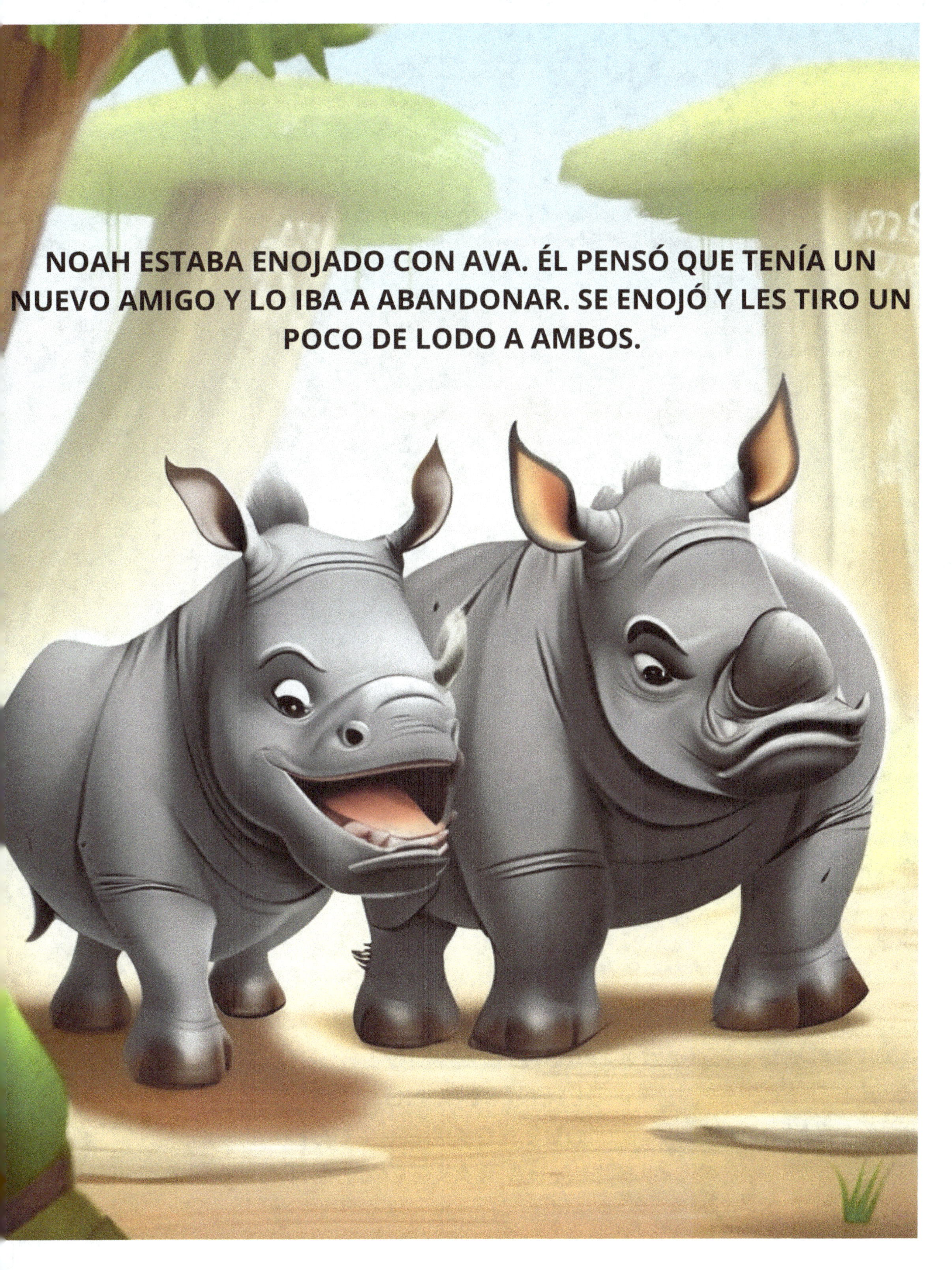
NOAH ESTABA ENOJADO CON AVA. ÉL PENSÓ QUE TENÍA UN NUEVO AMIGO Y LO IBA A ABANDONAR. SE ENOJÓ Y LES TIRO UN POCO DE LODO A AMBOS.

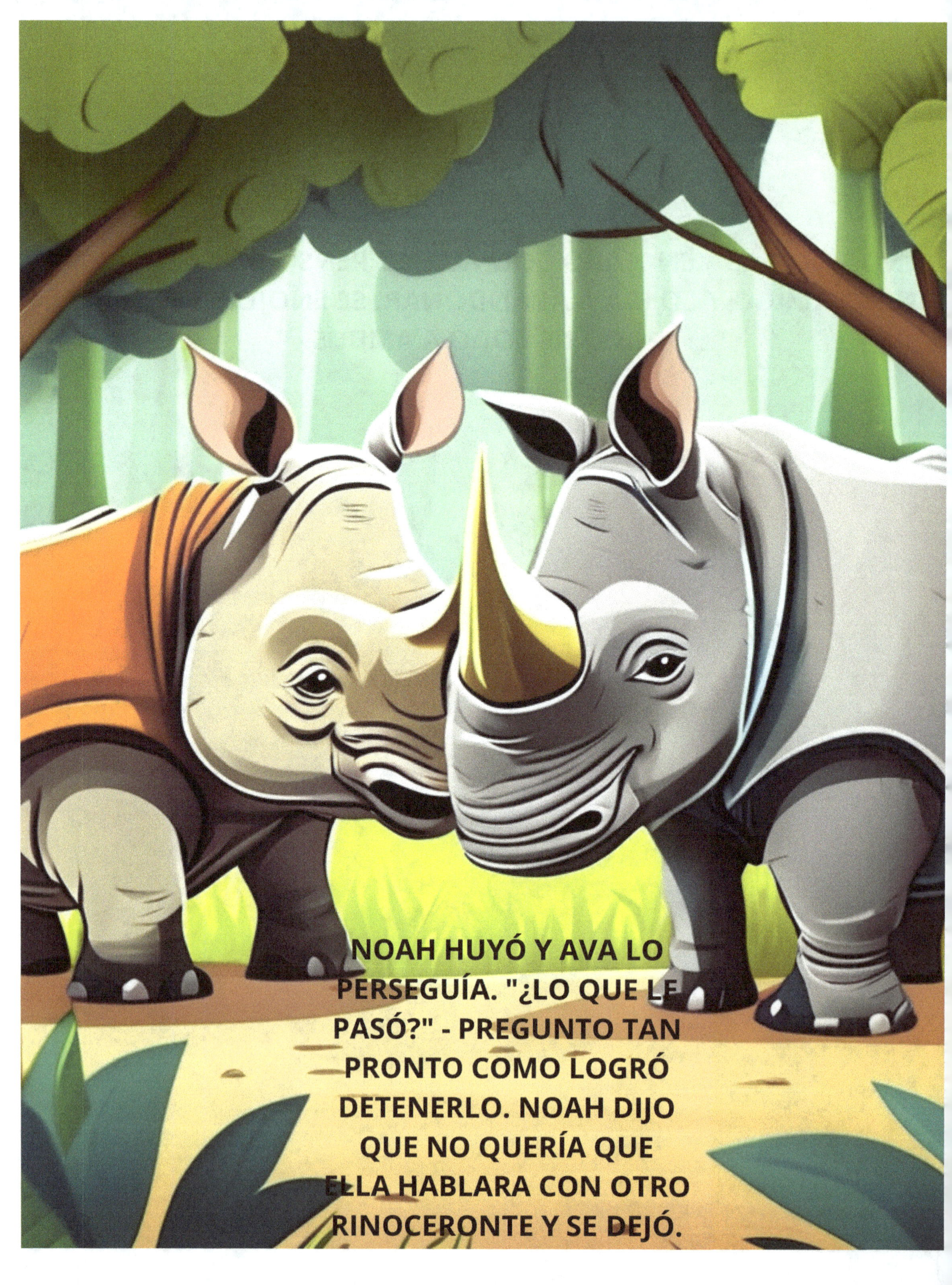
NOAH HUYÓ Y AVA LO
PERSEGUÍA. "¿LO QUE LE
PASÓ?" - PREGUNTO TAN
PRONTO COMO LOGRÓ
DETENERLO. NOAH DIJO
QUE NO QUERÍA QUE
ELLA HABLARA CON OTRO
RINOCERONTE Y SE DEJÓ.

AL DÍA SIGUIENTE, AVA ESPERÓ A NOAH, PERO NO APARECÍA. ELLA VIÓ AL OTRO RINOCERONTE Y HABLÓ CON ÉL DE LO QUE HABÍA PASADO EL DÍA ANTERIOR. EL OTRO RINOCERONTE LE SUGIÓ IR A LA CASA DE NOAH PARA HABLAR CON ÉL.

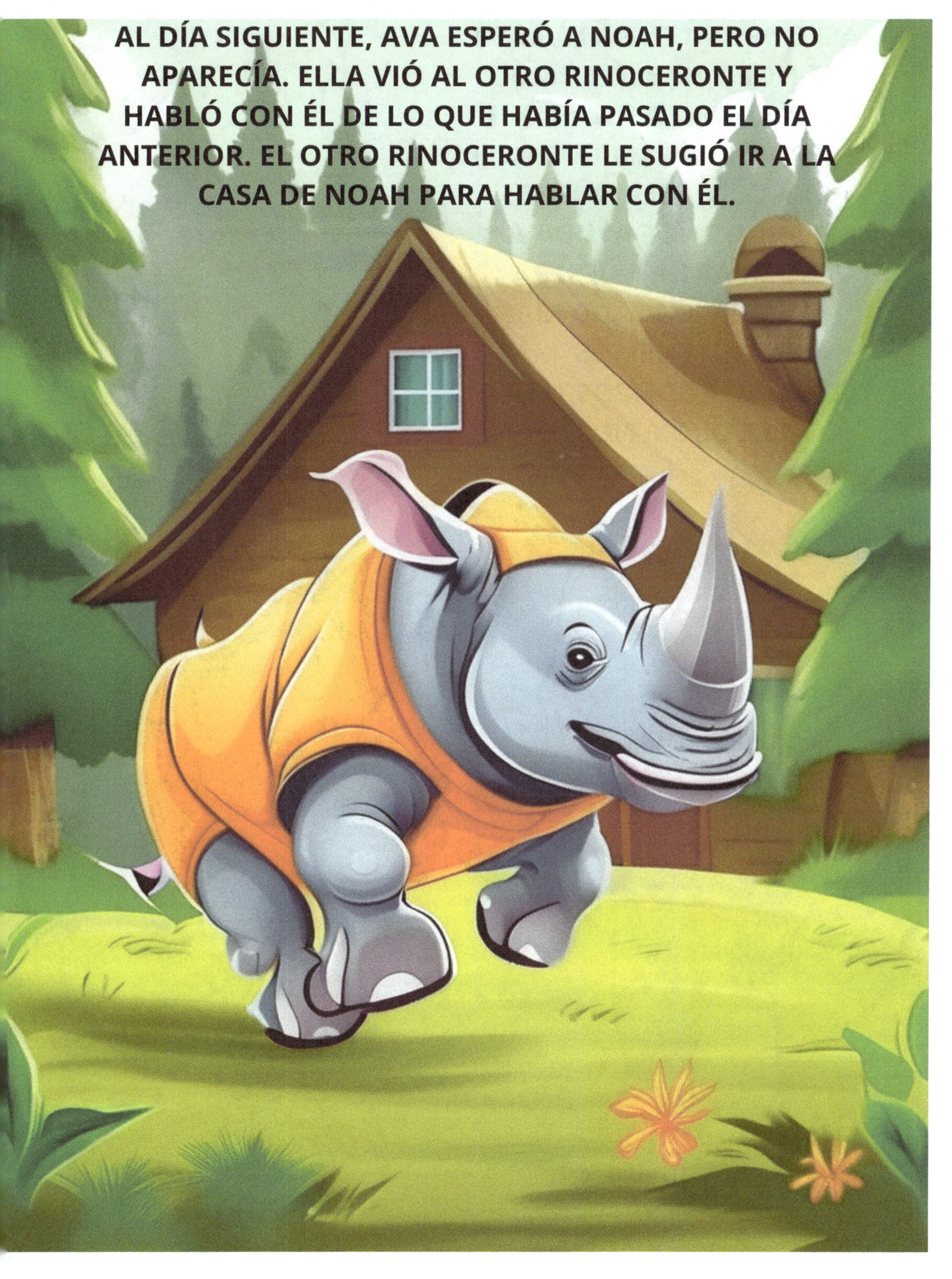

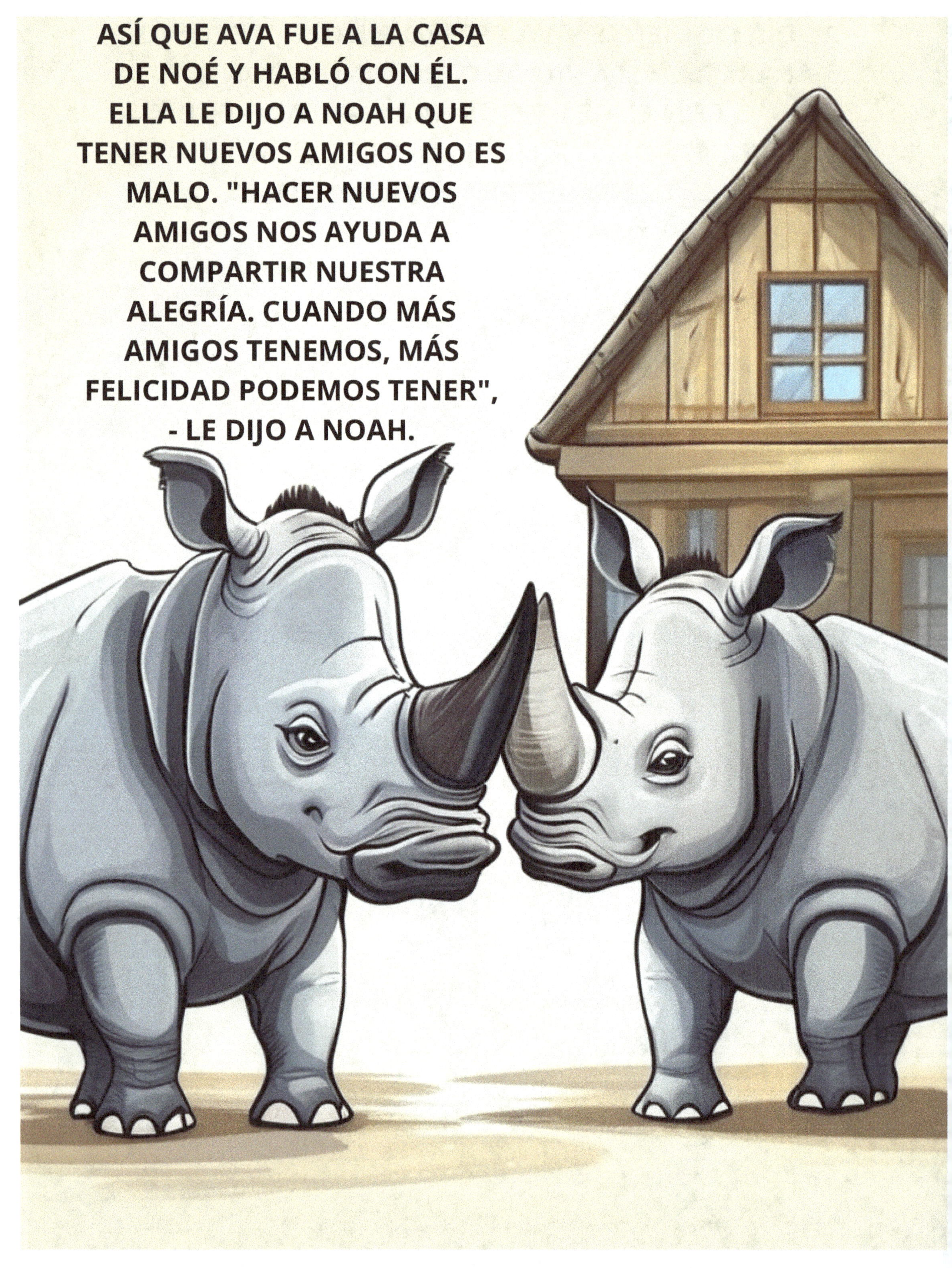

ASÍ QUE AVA FUE A LA CASA
DE NOÉ Y HABLÓ CON ÉL.
ELLA LE DIJO A NOAH QUE
TENER NUEVOS AMIGOS NO ES
MALO. "HACER NUEVOS
AMIGOS NOS AYUDA A
COMPARTIR NUESTRA
ALEGRÍA. CUANDO MÁS
AMIGOS TENEMOS, MÁS
FELICIDAD PODEMOS TENER",
- LE DIJO A NOAH.

NOAH DIJO QUE TENÍA MIEDO DE QUE ELLA SE HACE AMIGA DEL NEWBY RHINO Y SE OLVIDE DE ÉL. AVA SONRÍE Y LE DIJO QUE LOS VERDADEROS AMIGOS NUNCA ABANDONAN A SUS VIEJOS AMIGOS POR LOS NUEVOS AMIGOS.

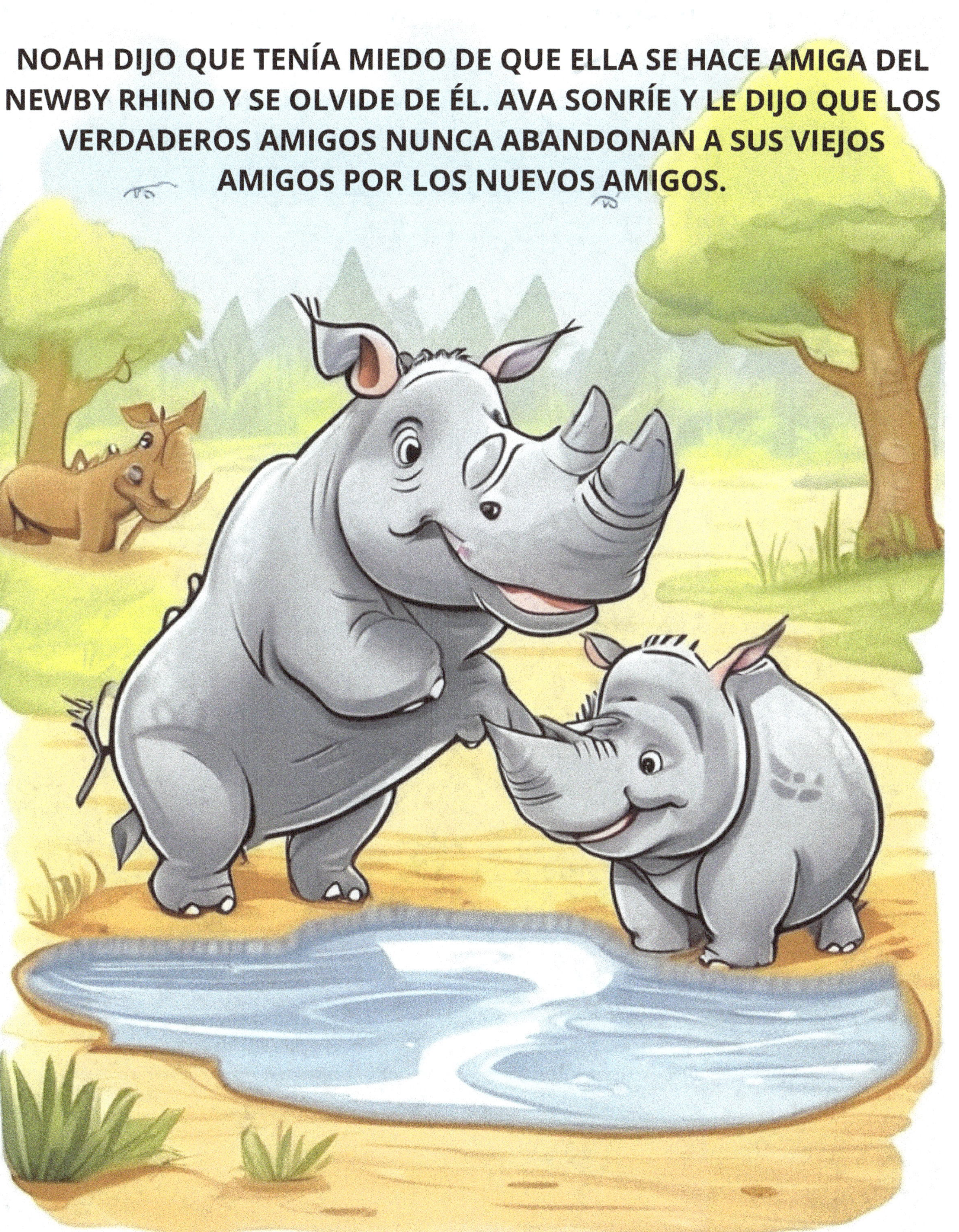

AVA Y NOÉ HICIERON LA PAZ. NOAH INCLUSO INVITÓ AL RINOCERONTE PRINCIPIANTE A JUGAR CON ELLOS EN EL CHARCO DE LODO. LOS TRES SE DIVERTIRON MUCHO. NOÉ POR FIN ENTIENDE EL VERDADERO SIGNIFICADO DE LA AMISTAD.

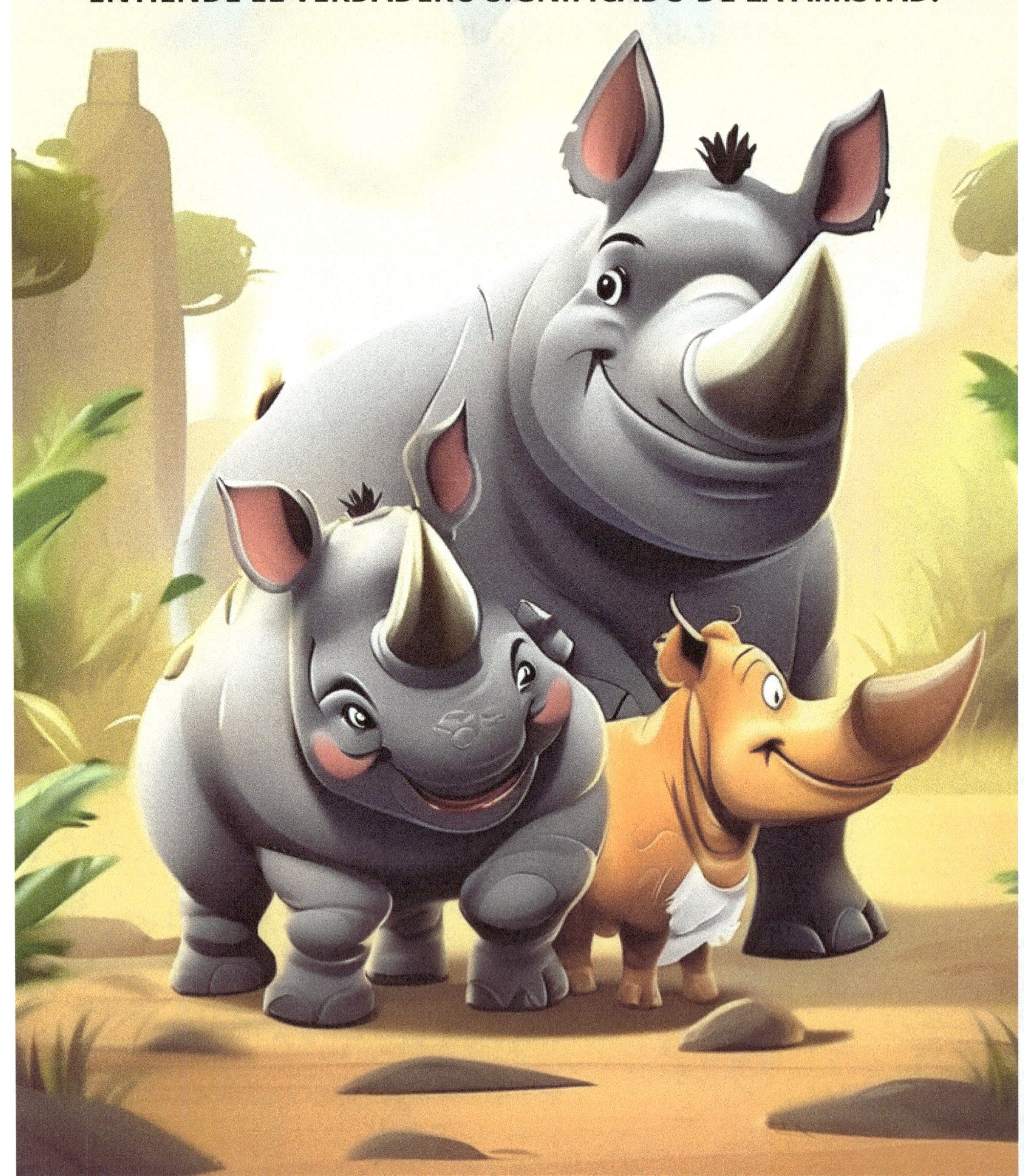

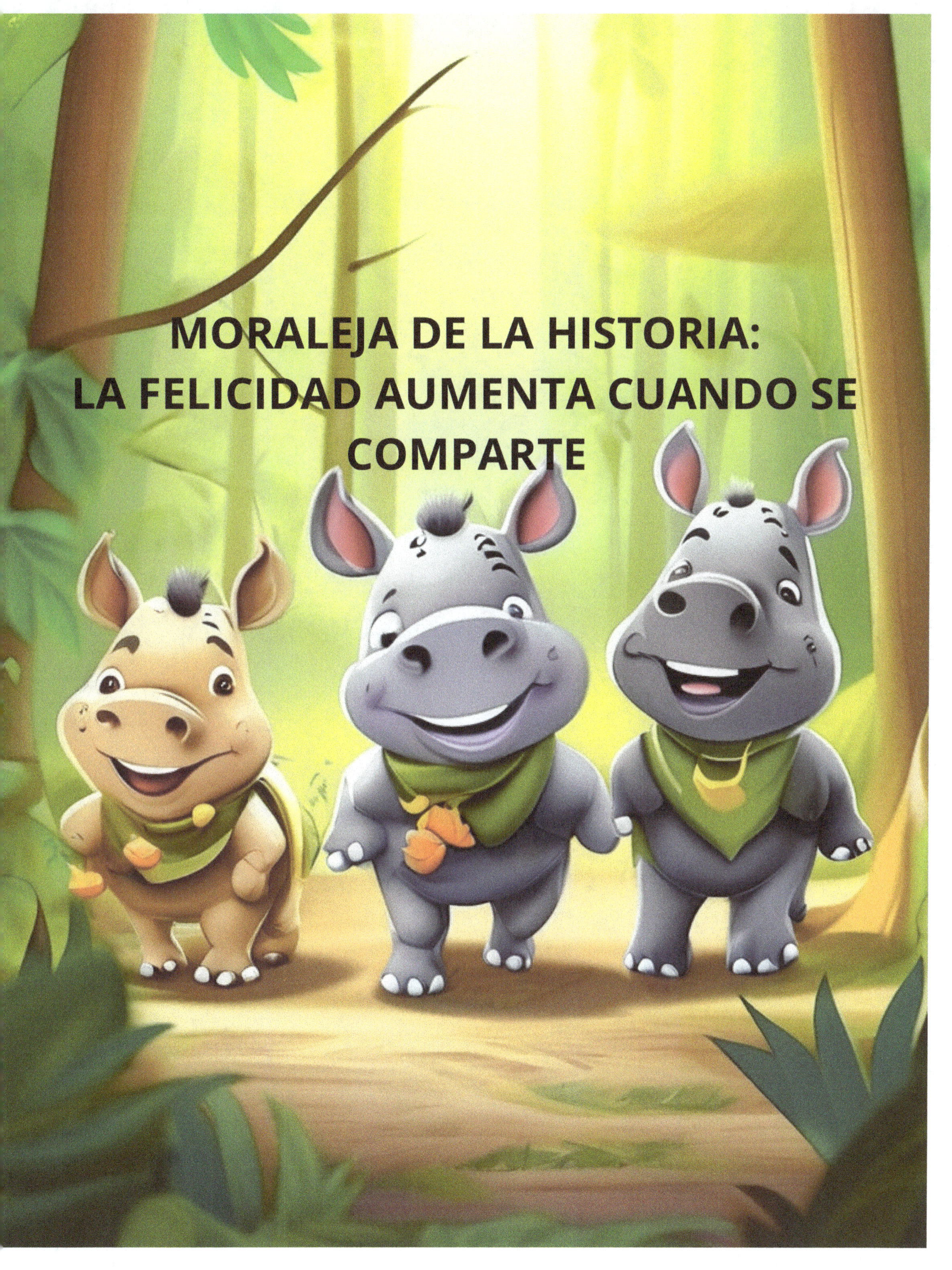

MORALEJA DE LA HISTORIA:
LA FELICIDAD AUMENTA CUANDO SE
COMPARTE

ACTIVIDAD PARA COLOREAR

Página de color de prueba

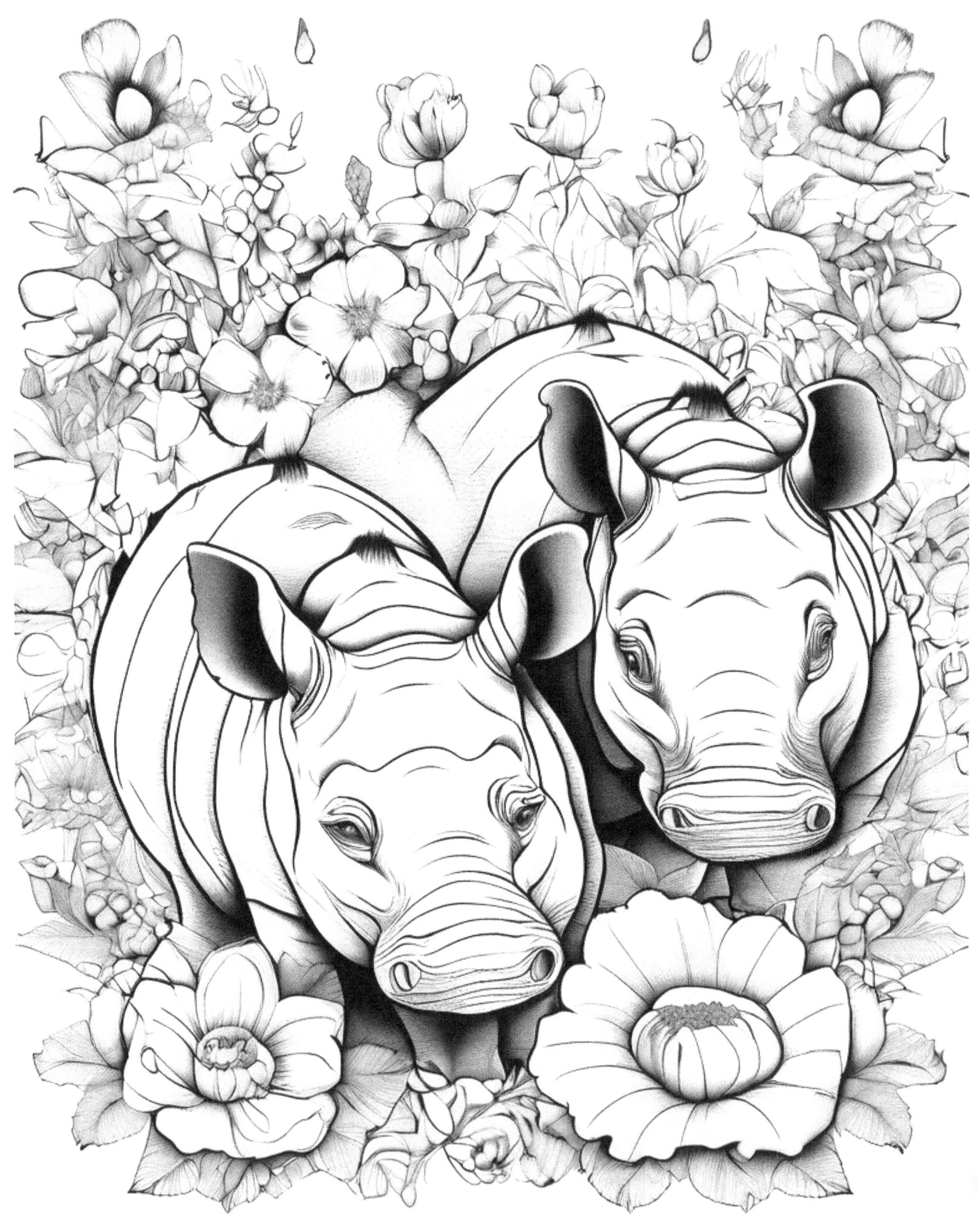

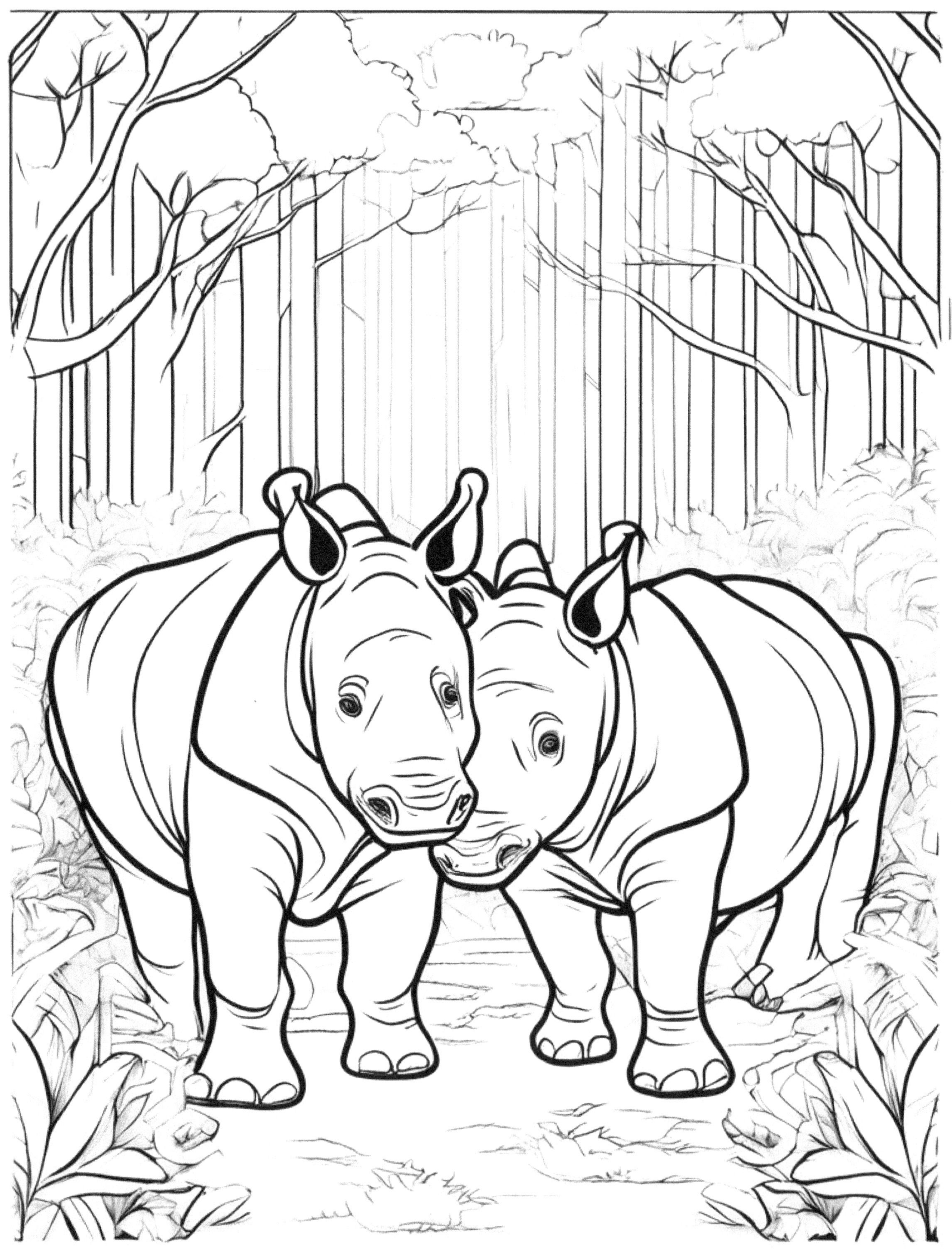

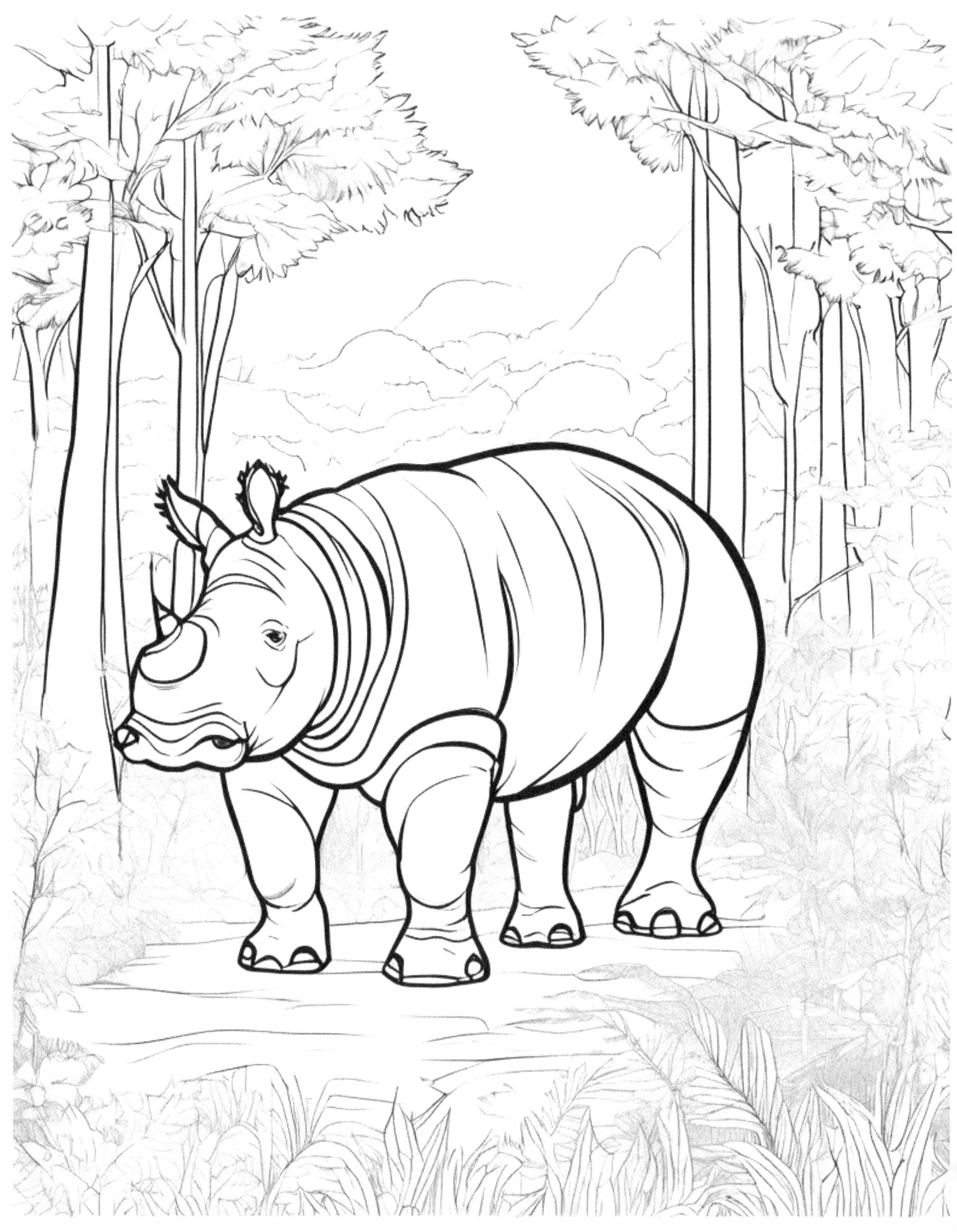

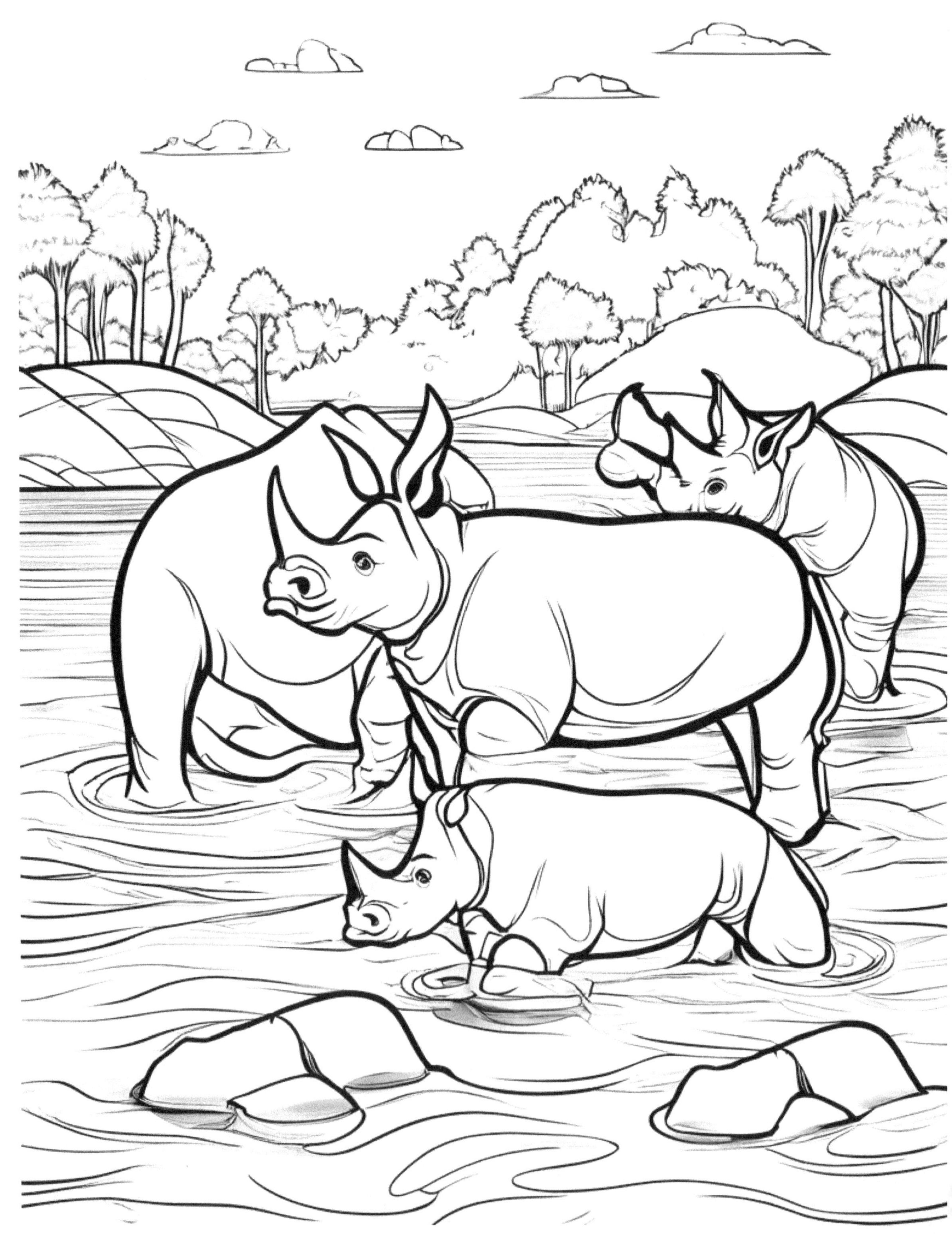

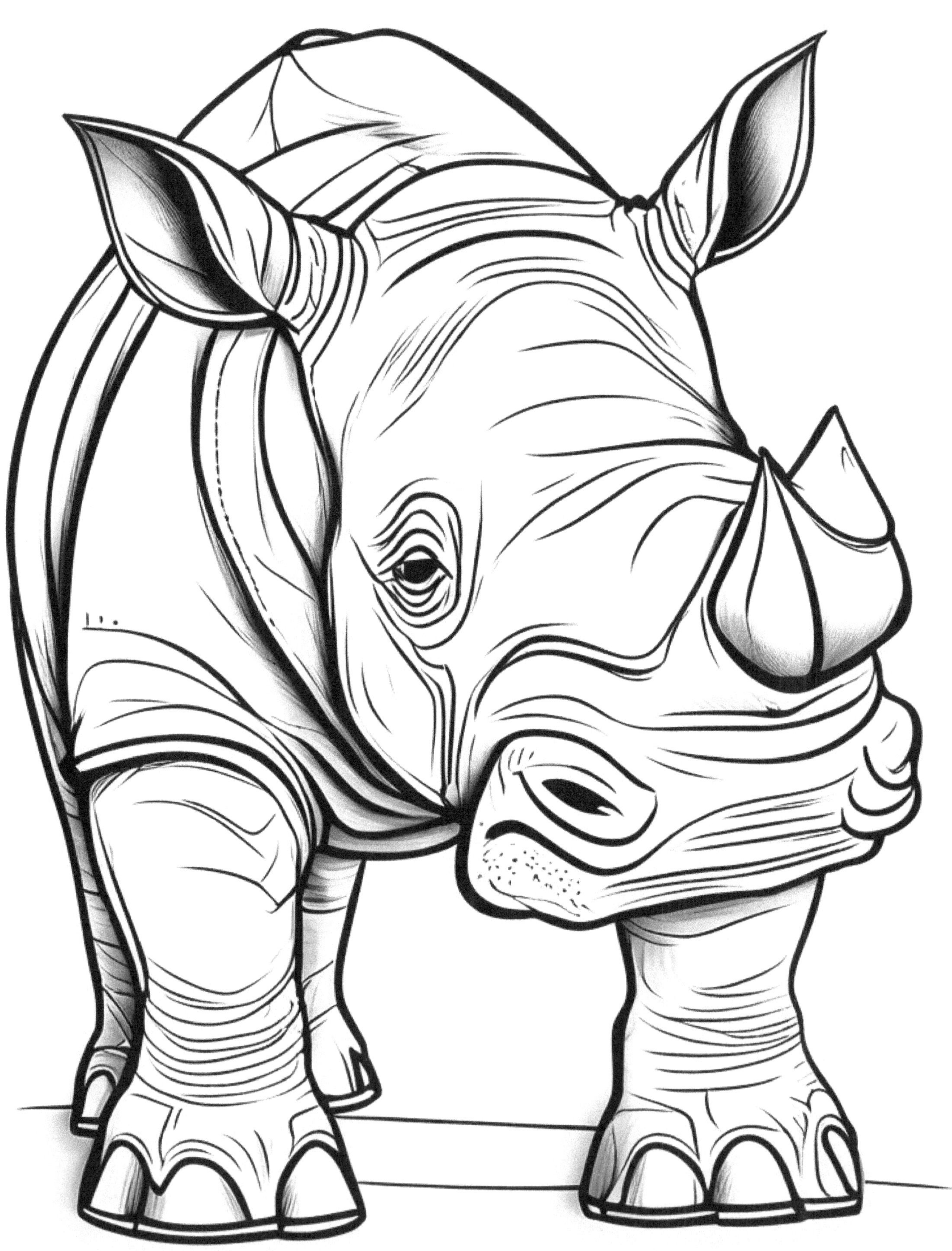

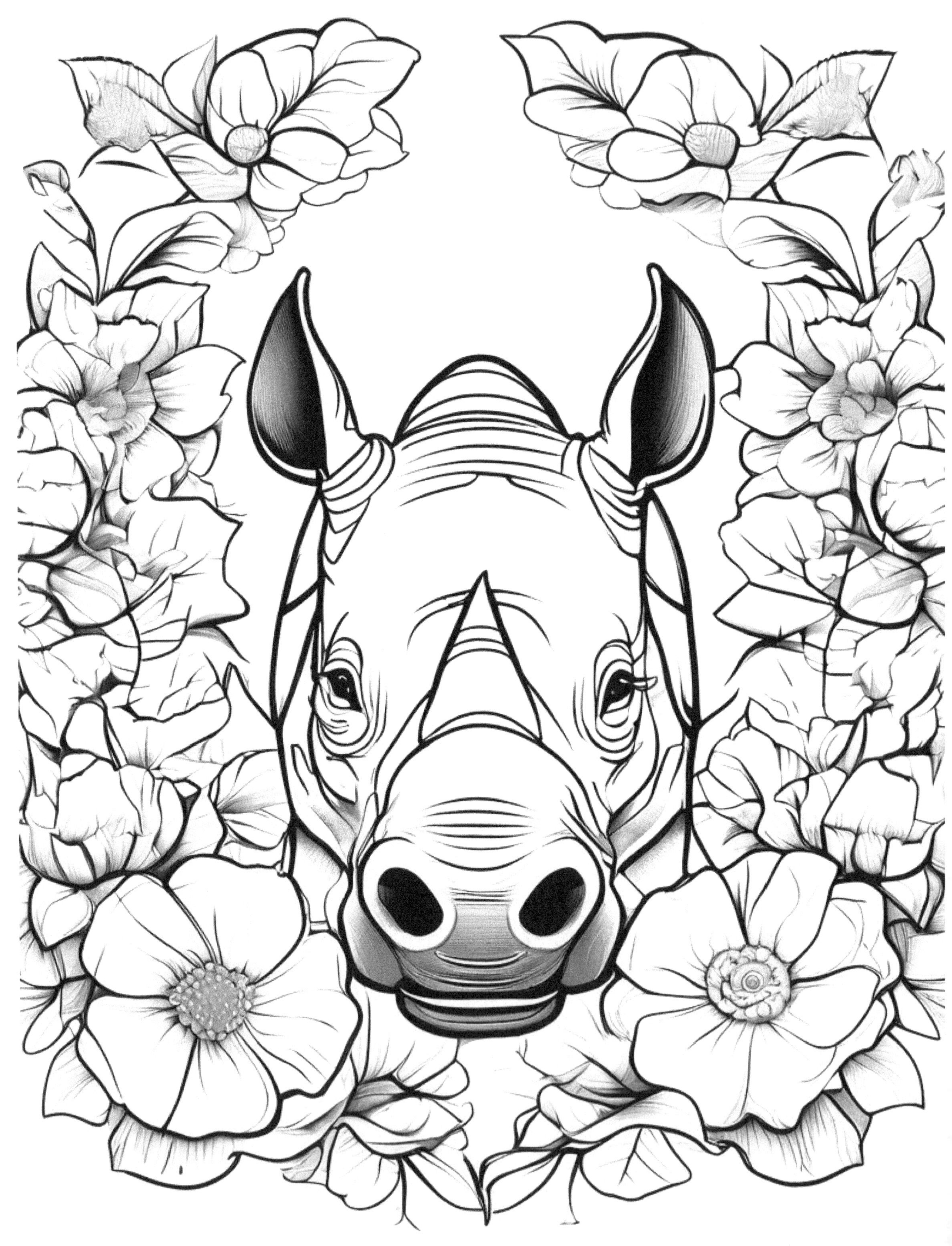

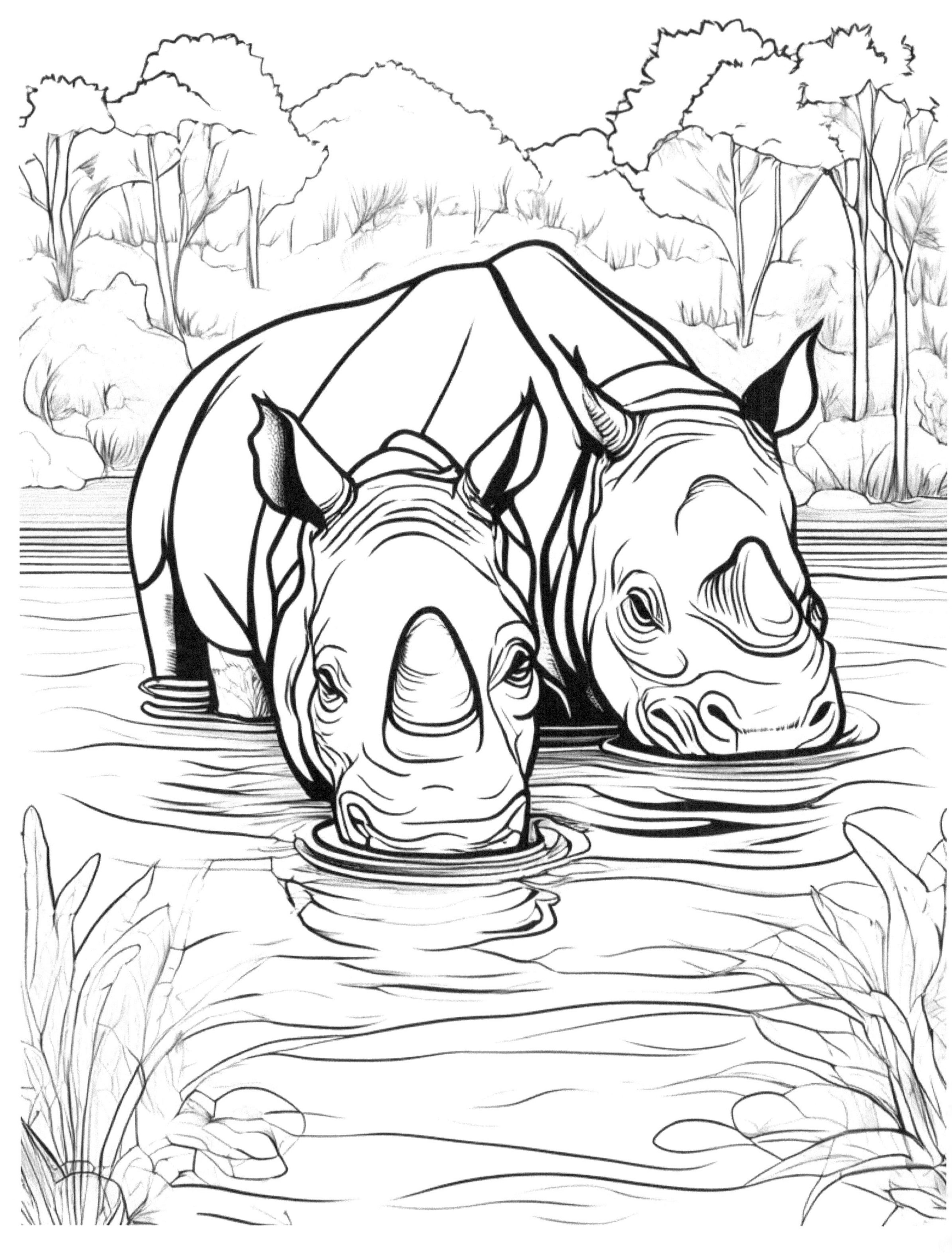

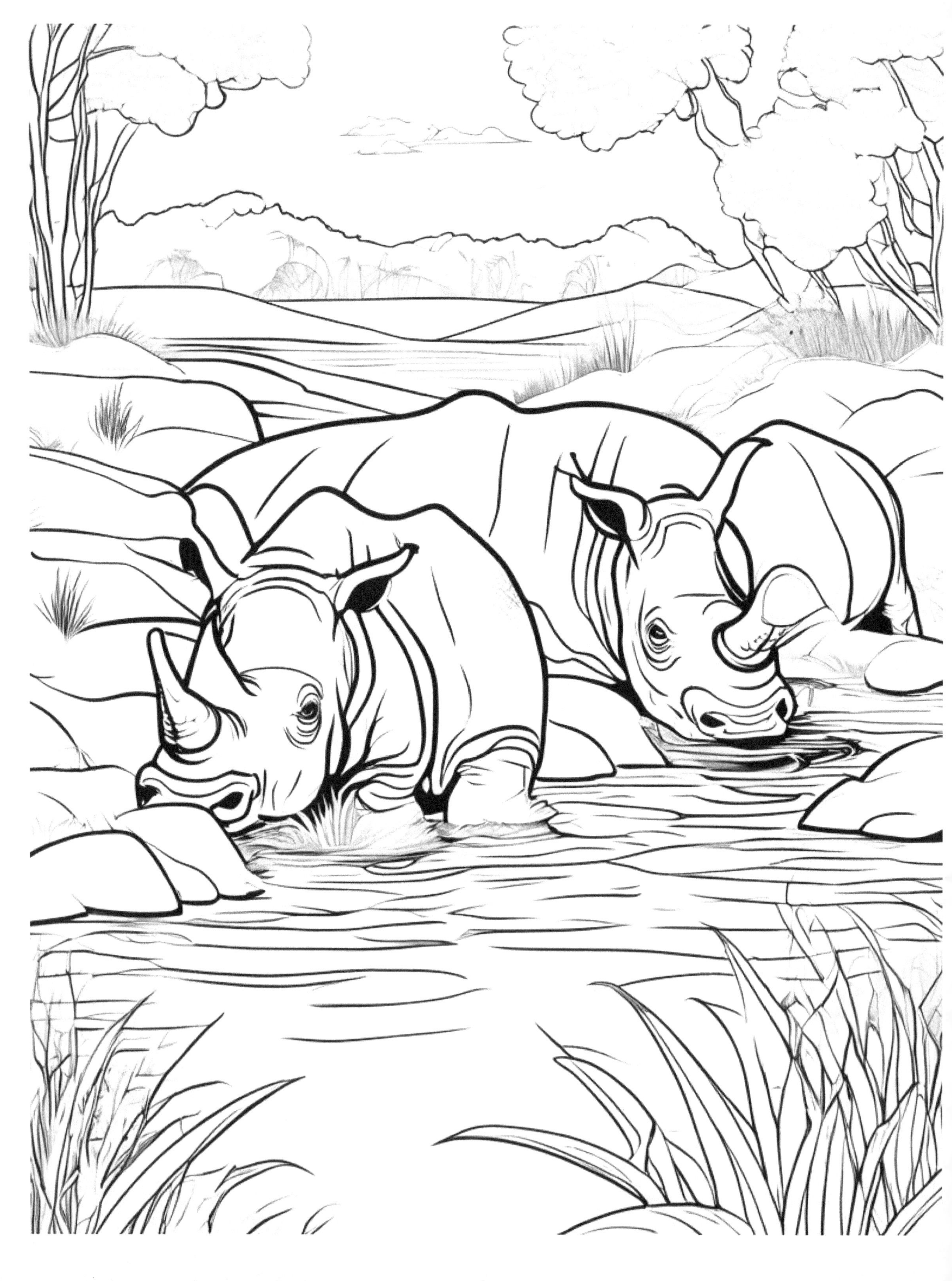

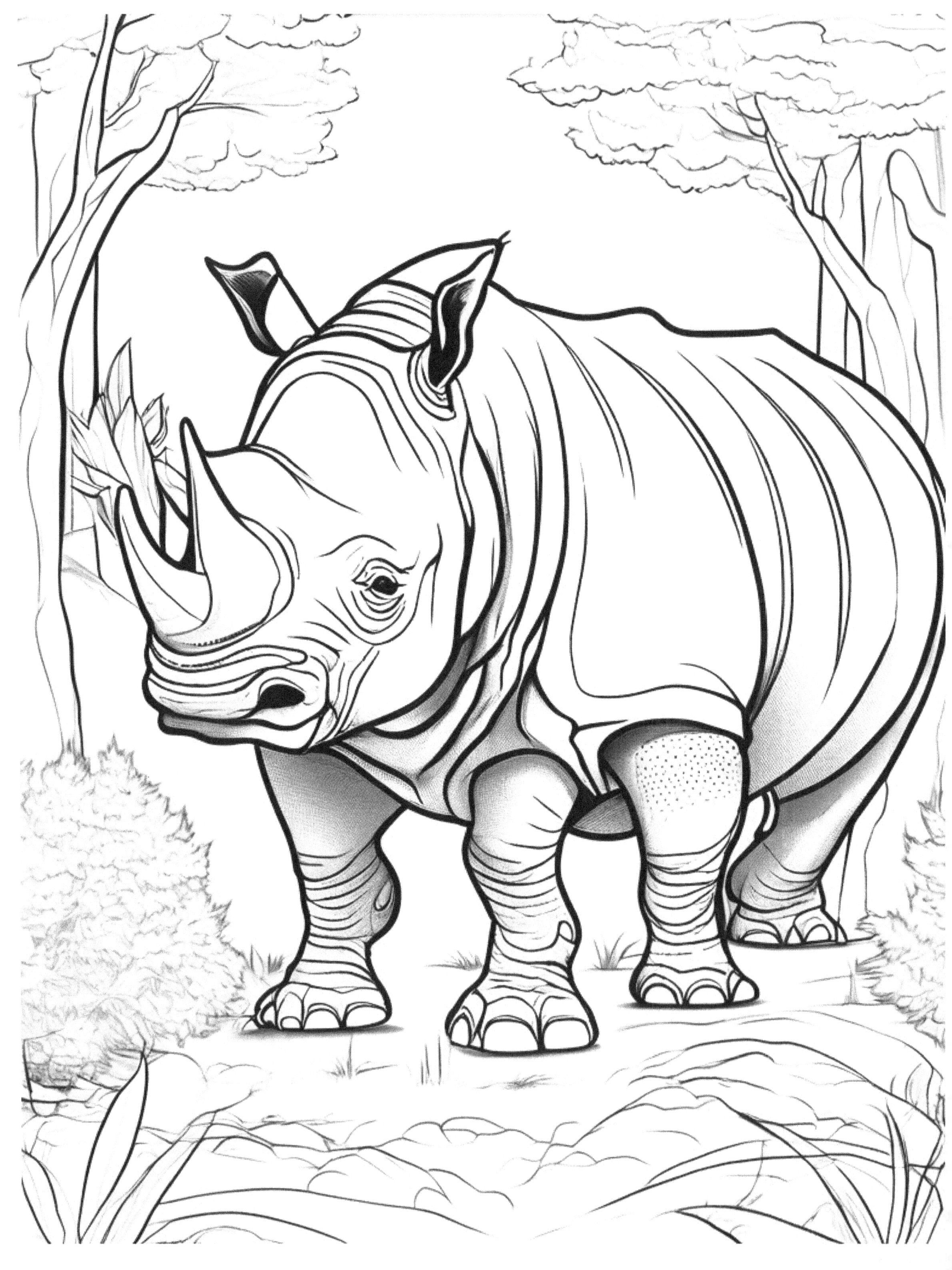

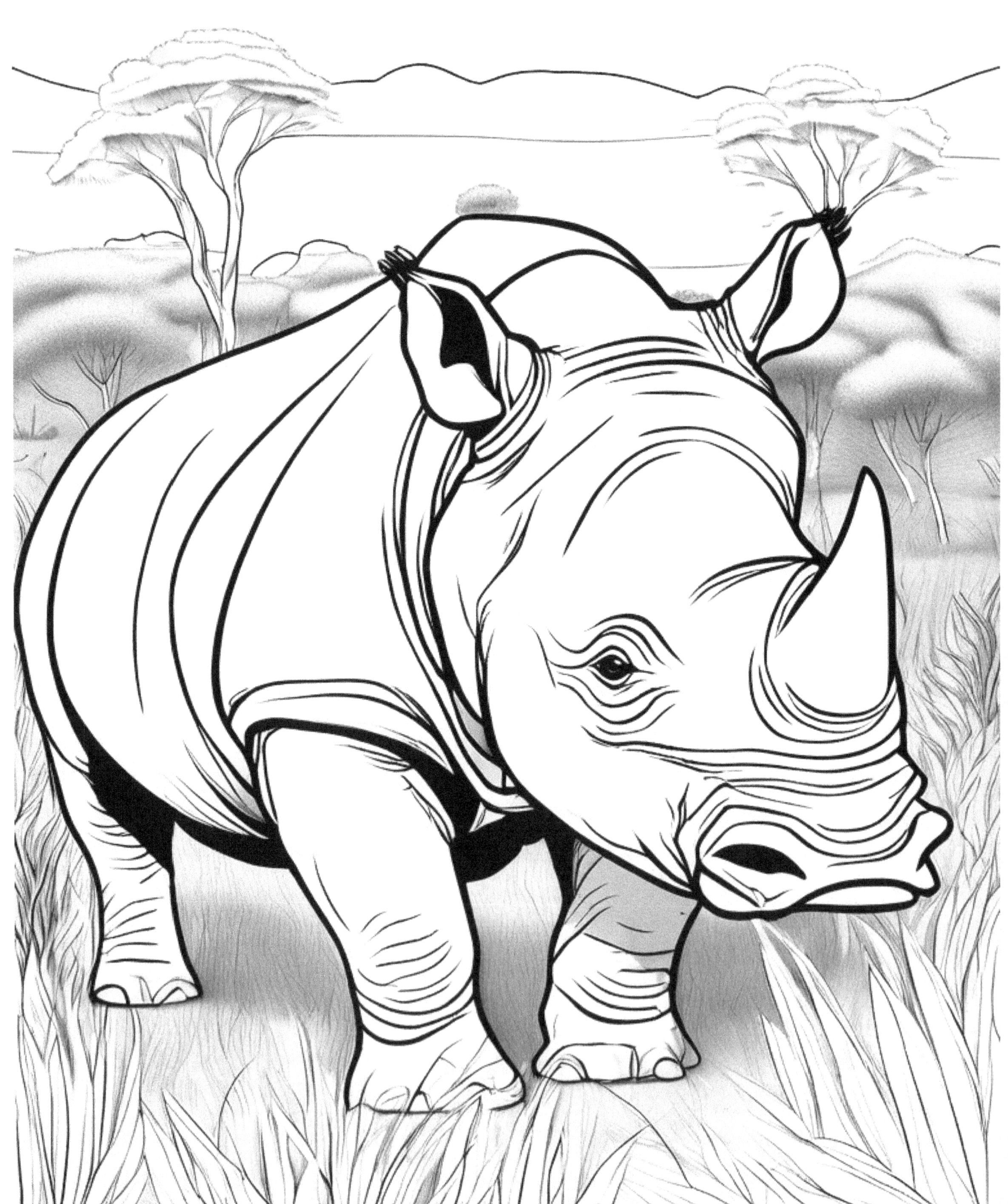

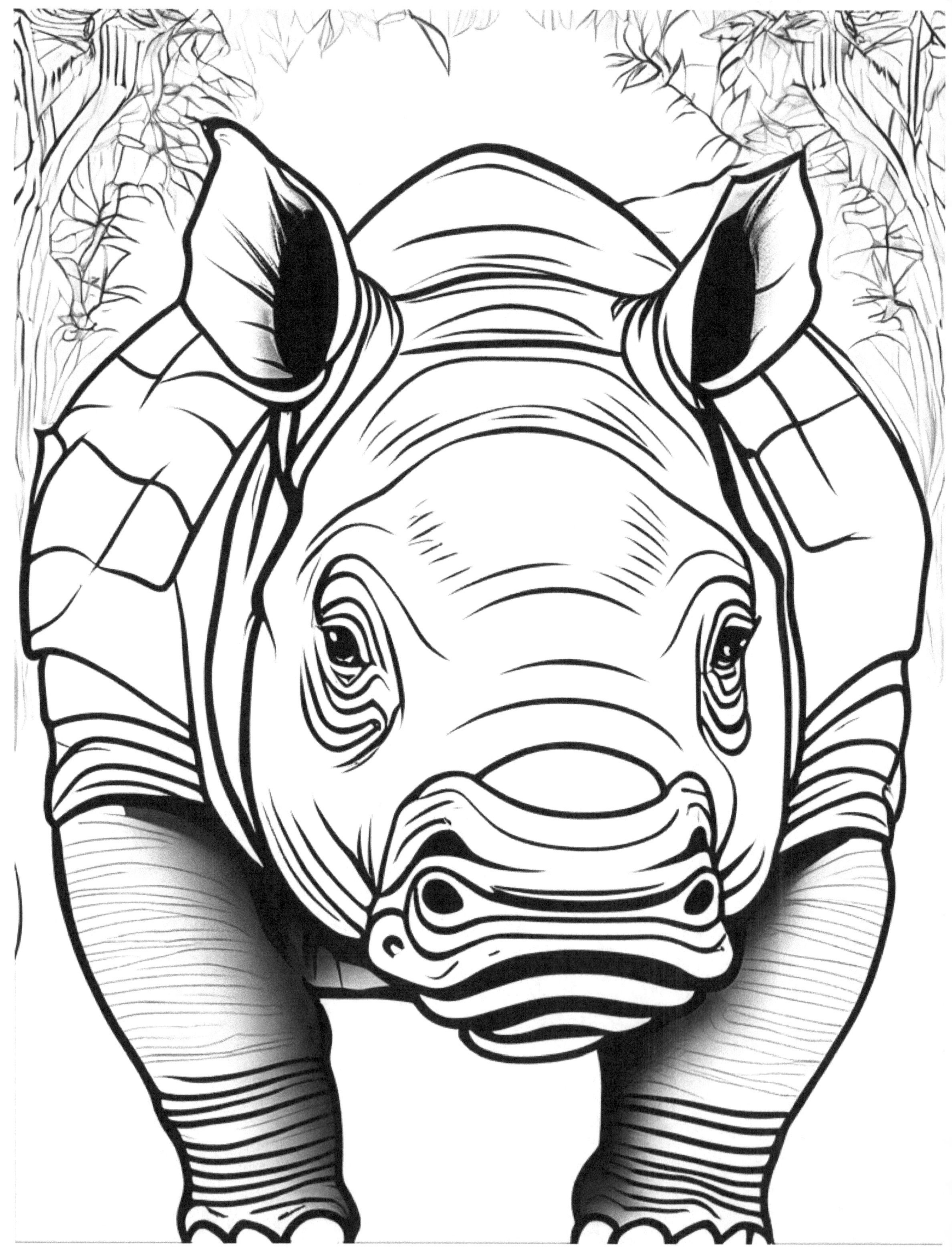

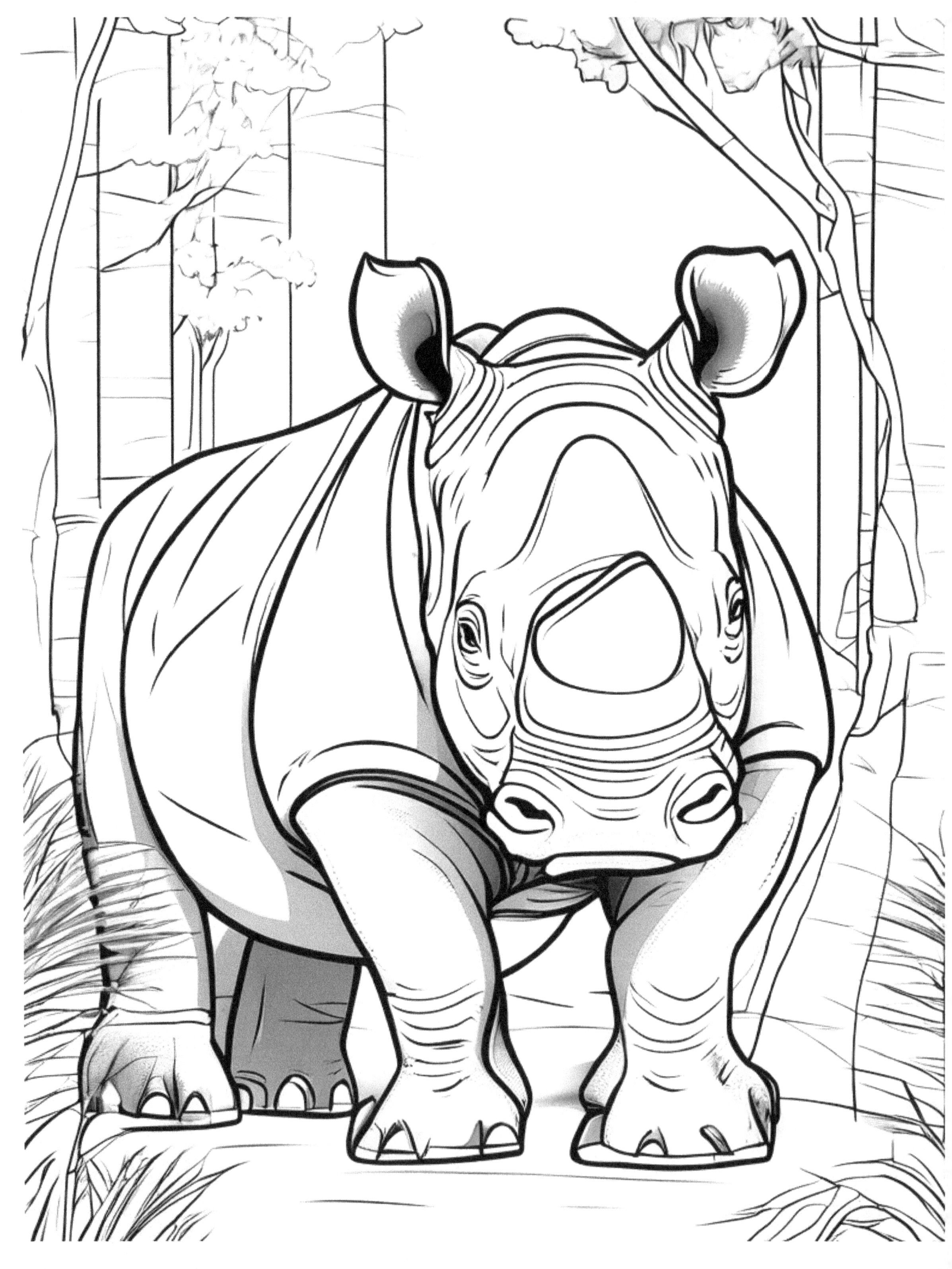

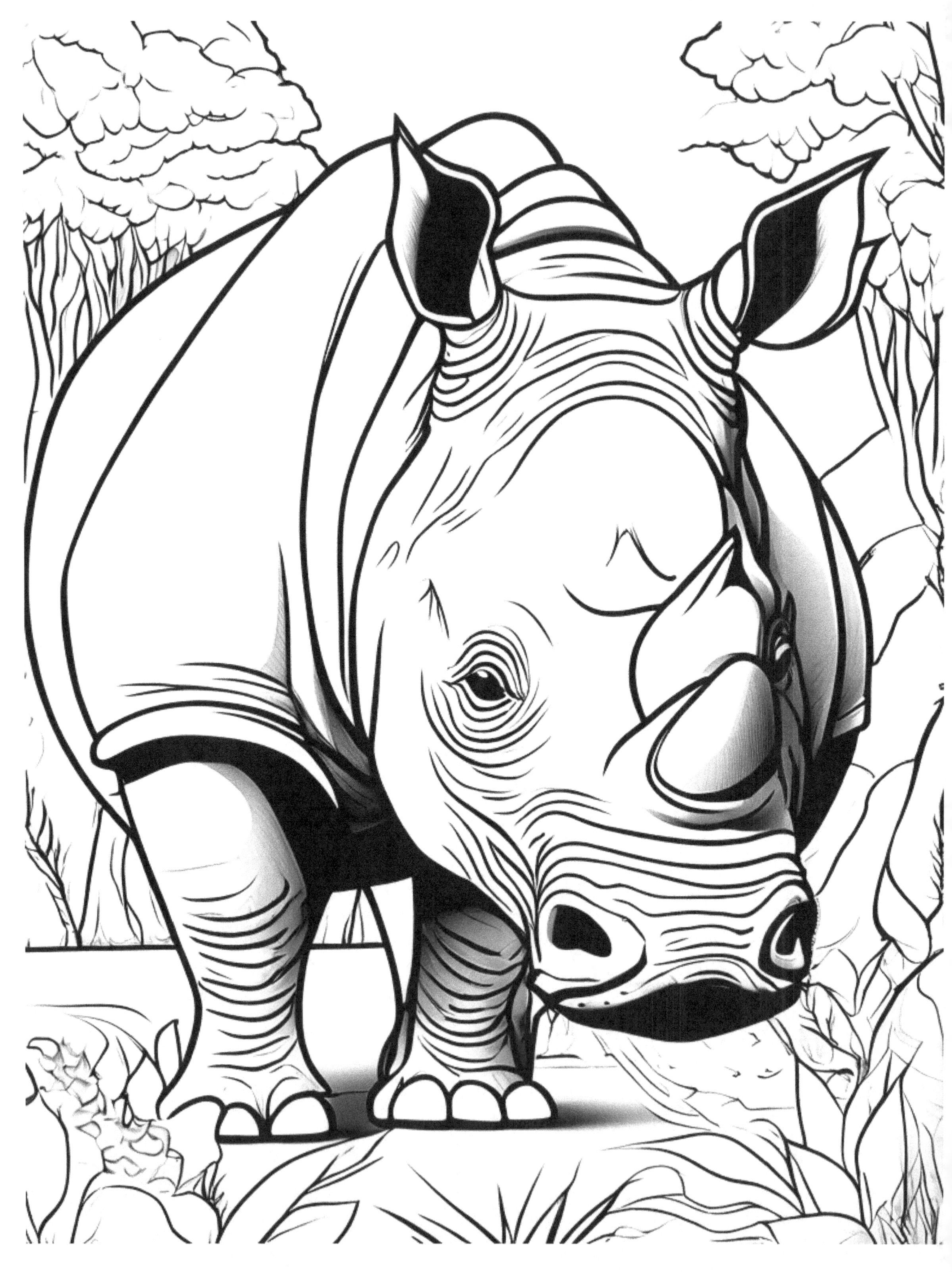

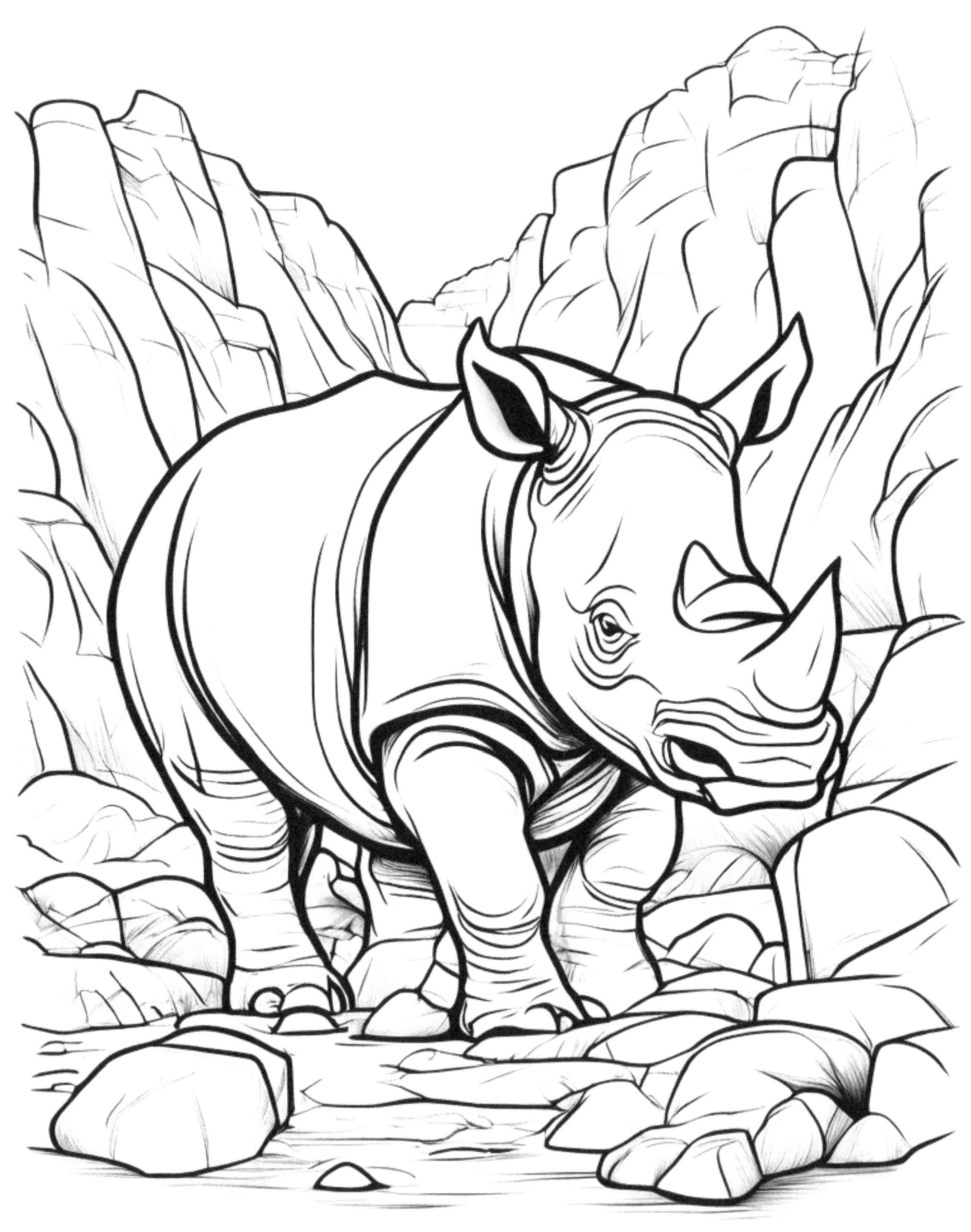

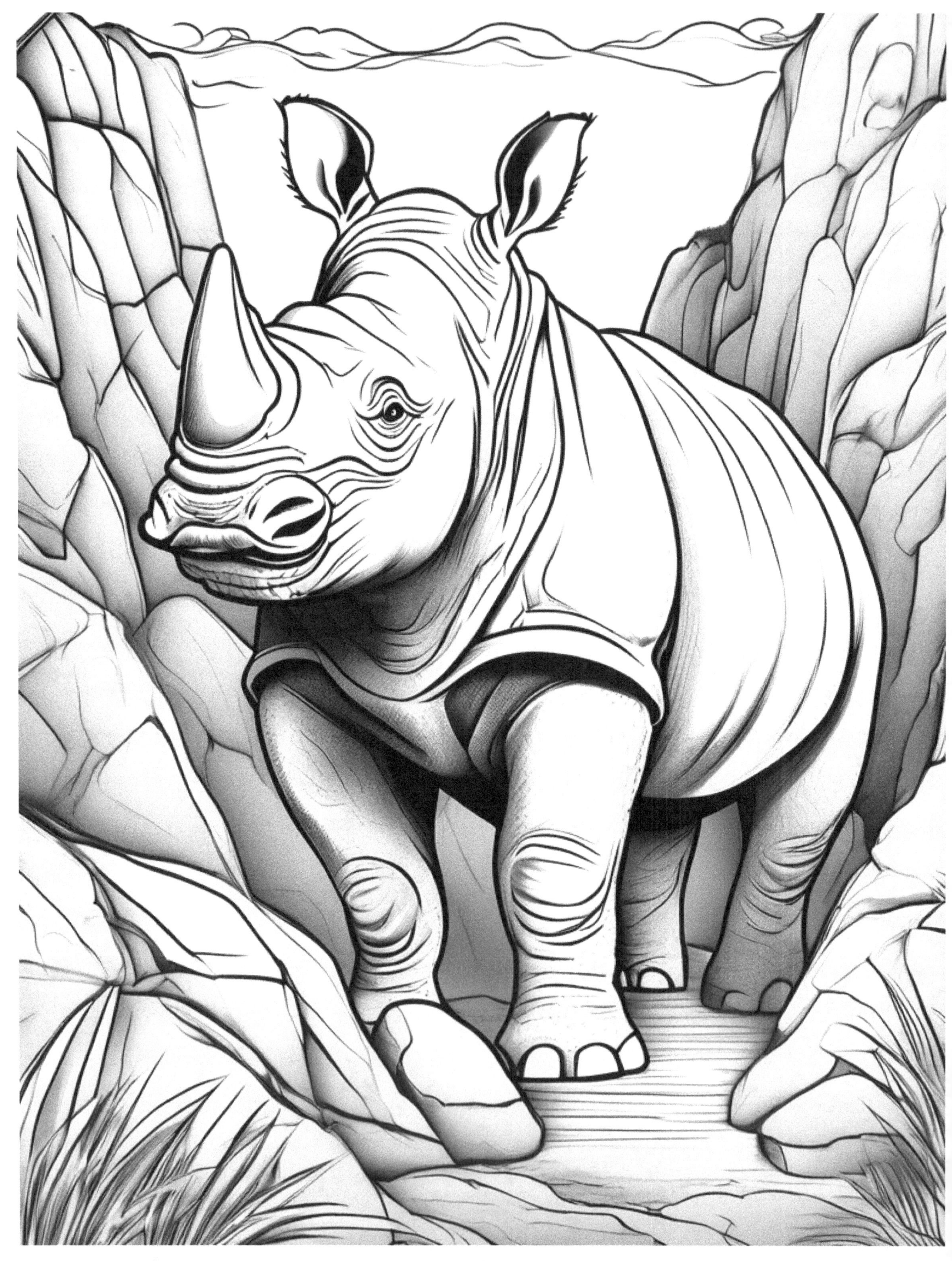

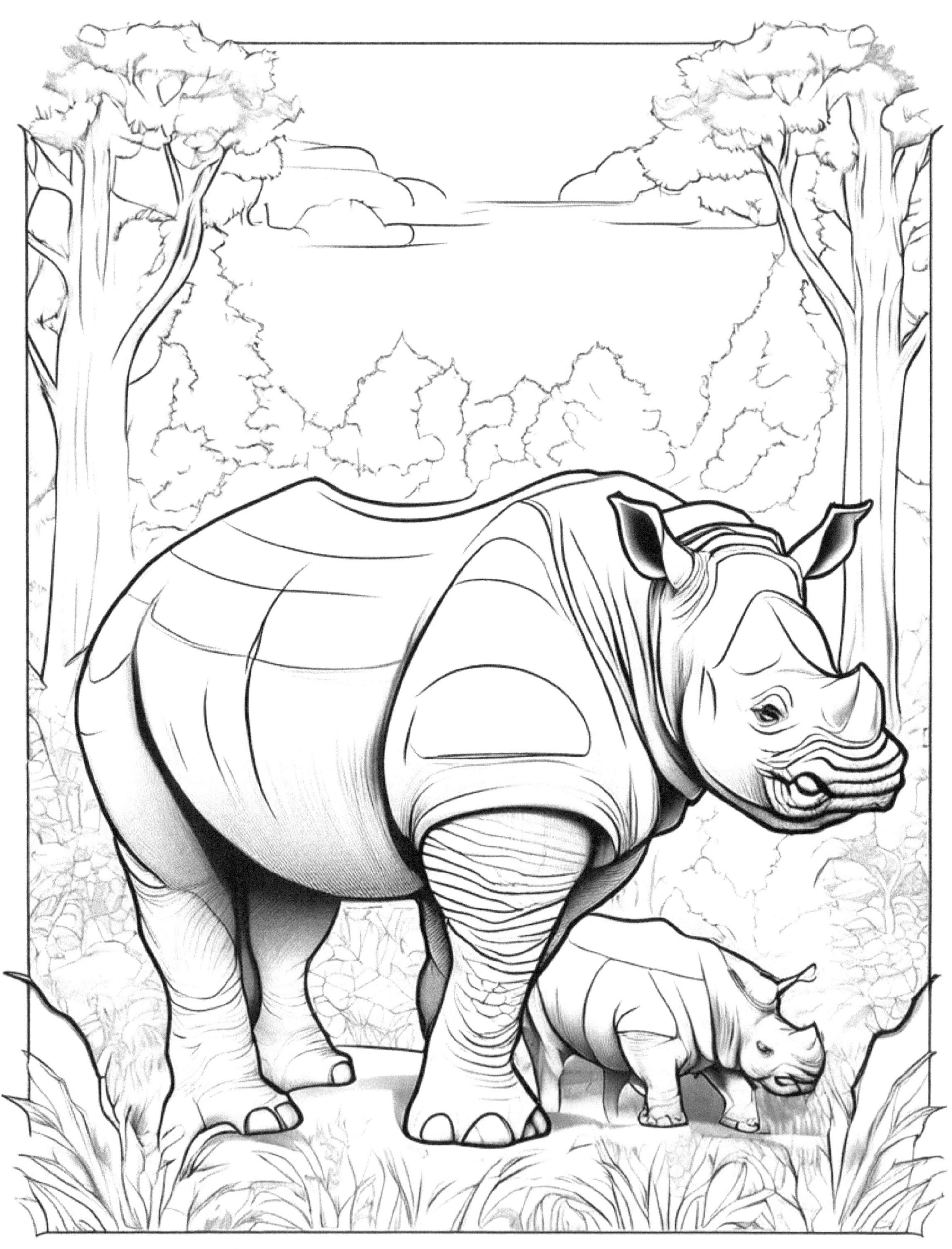

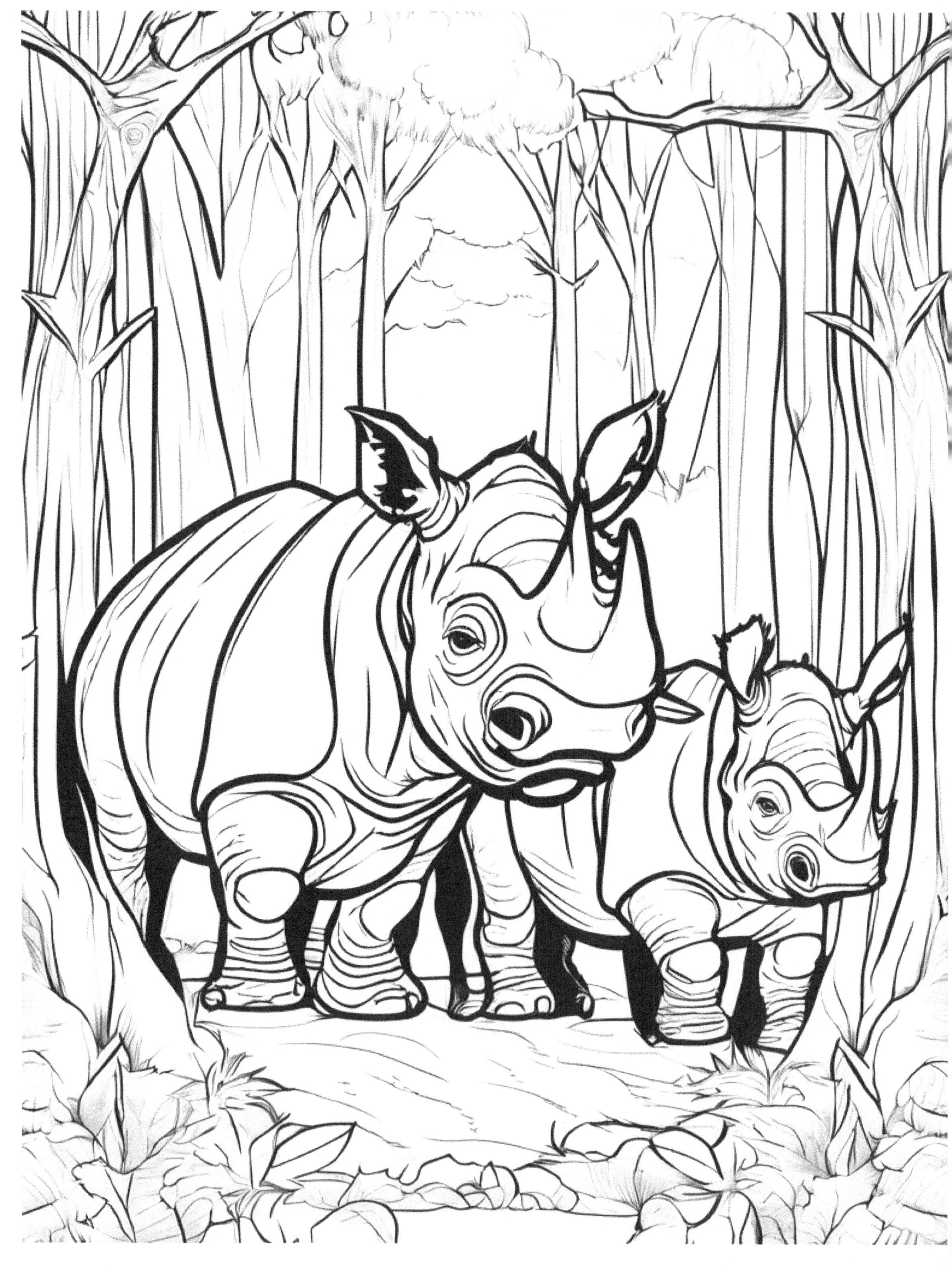

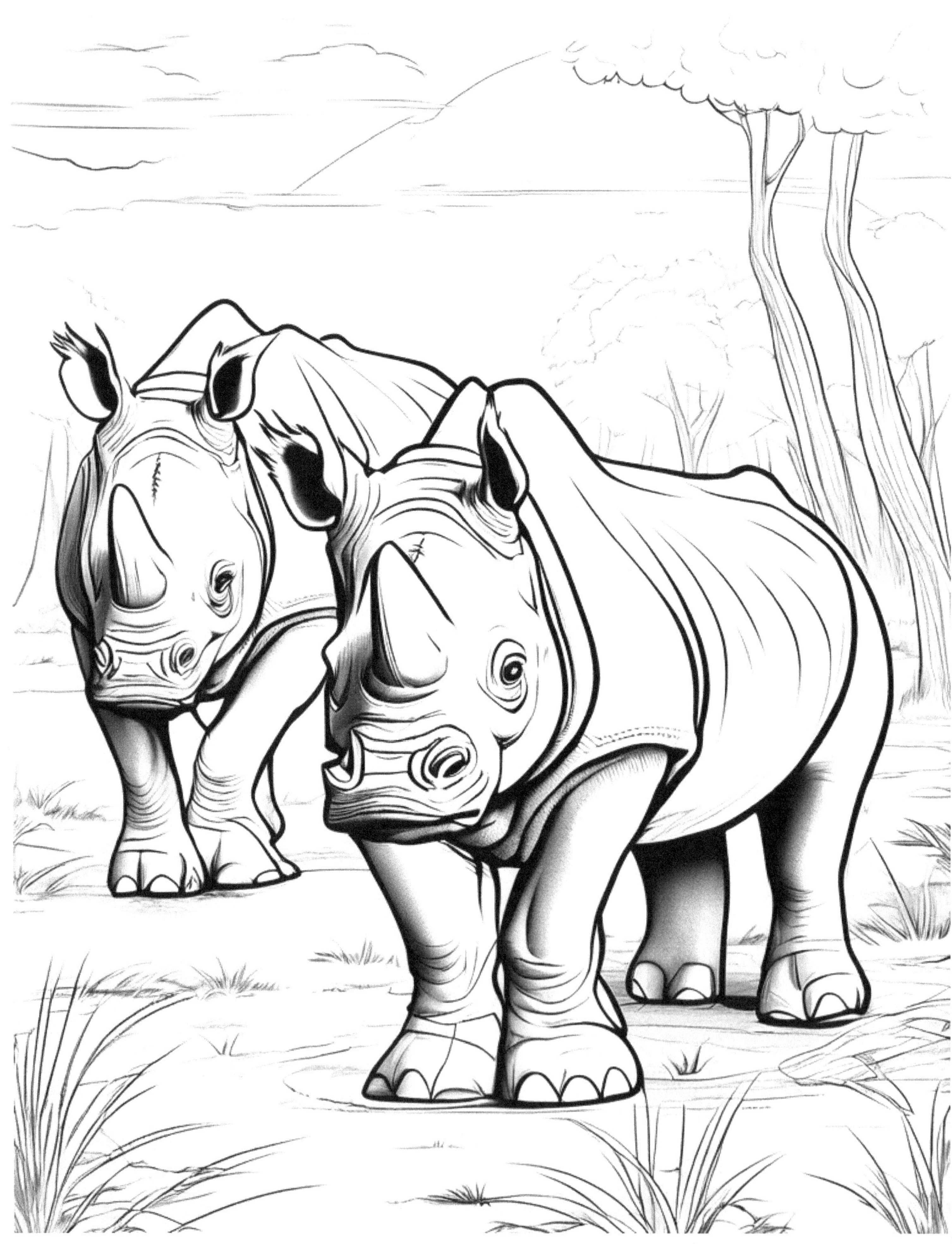

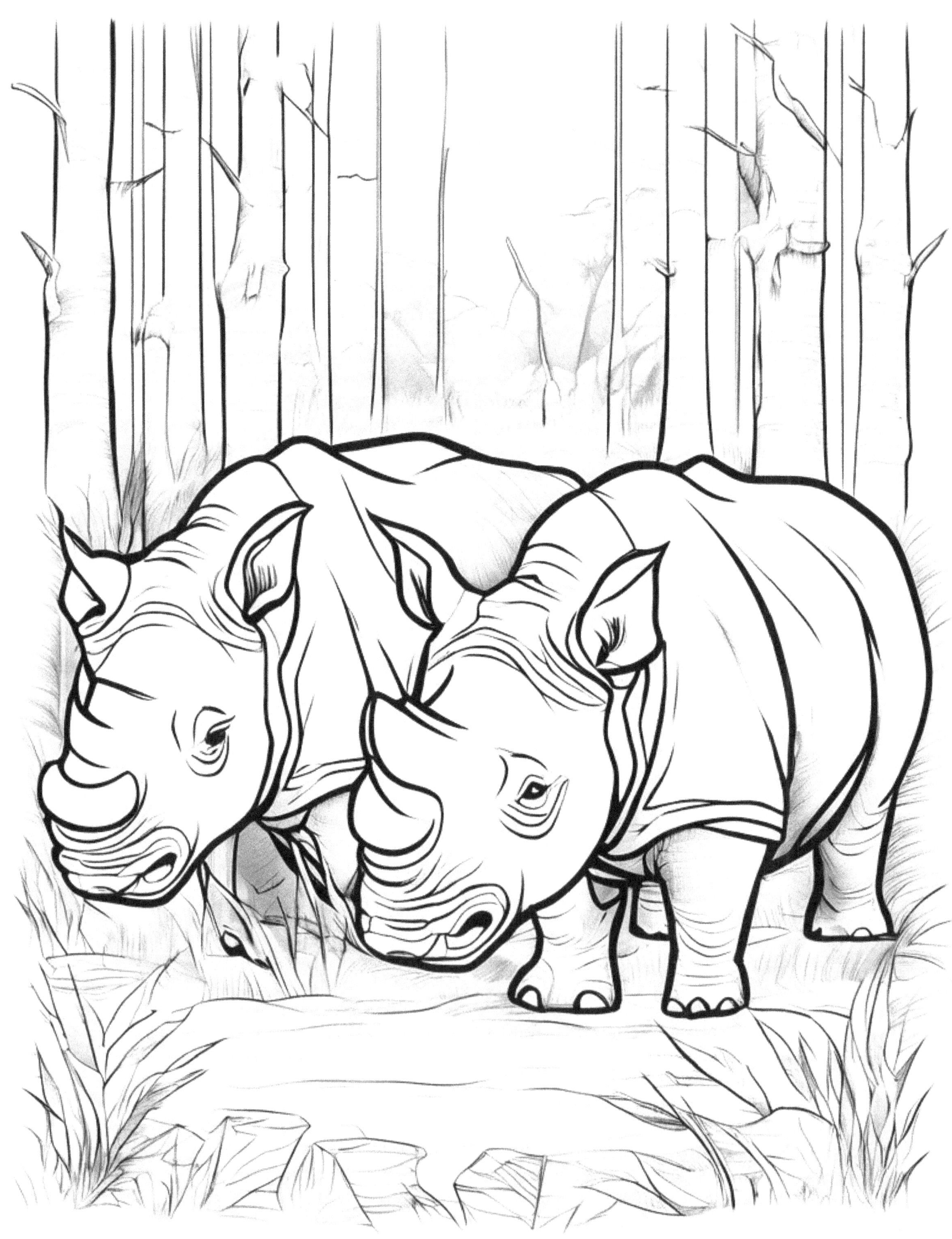

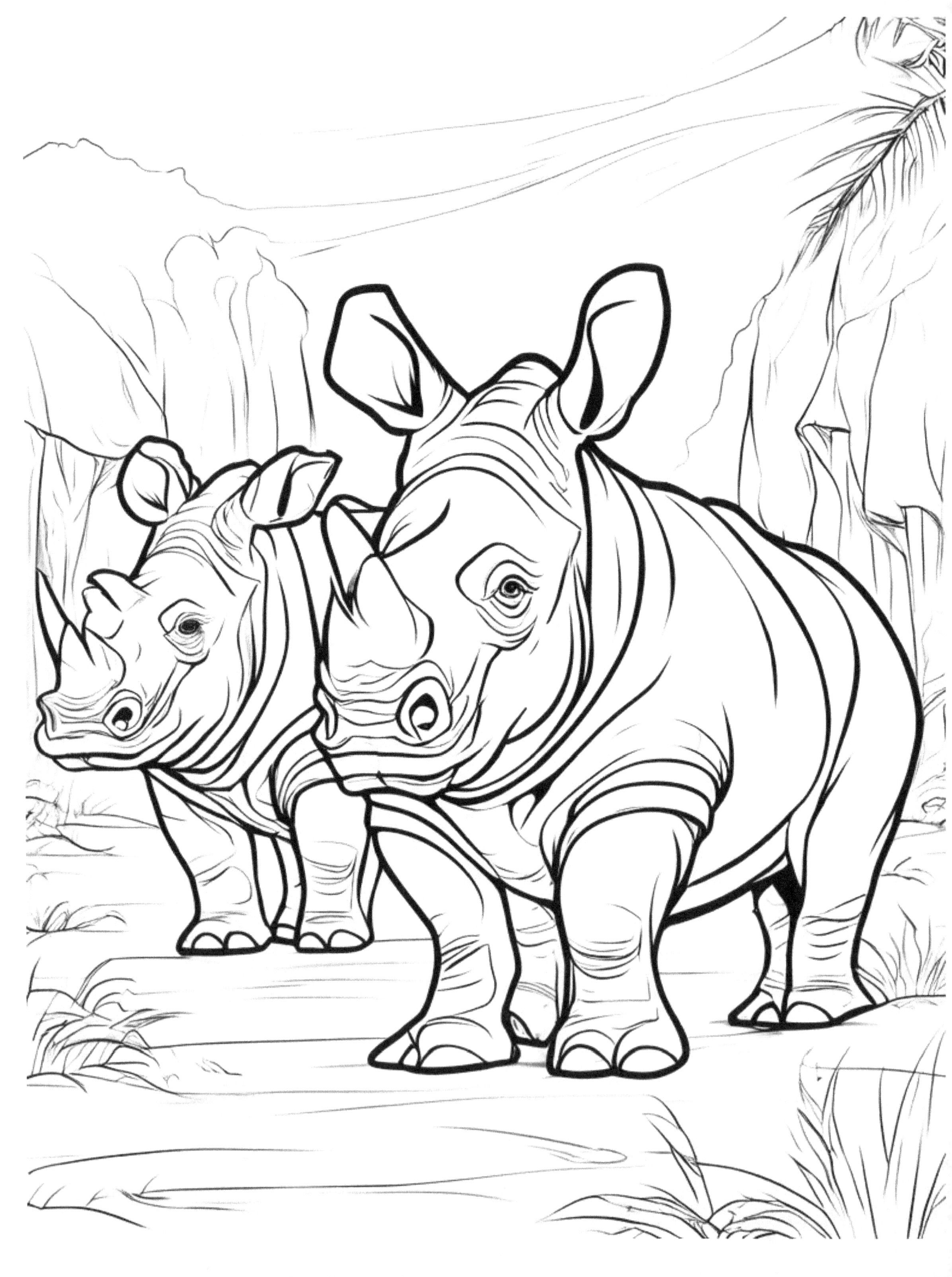

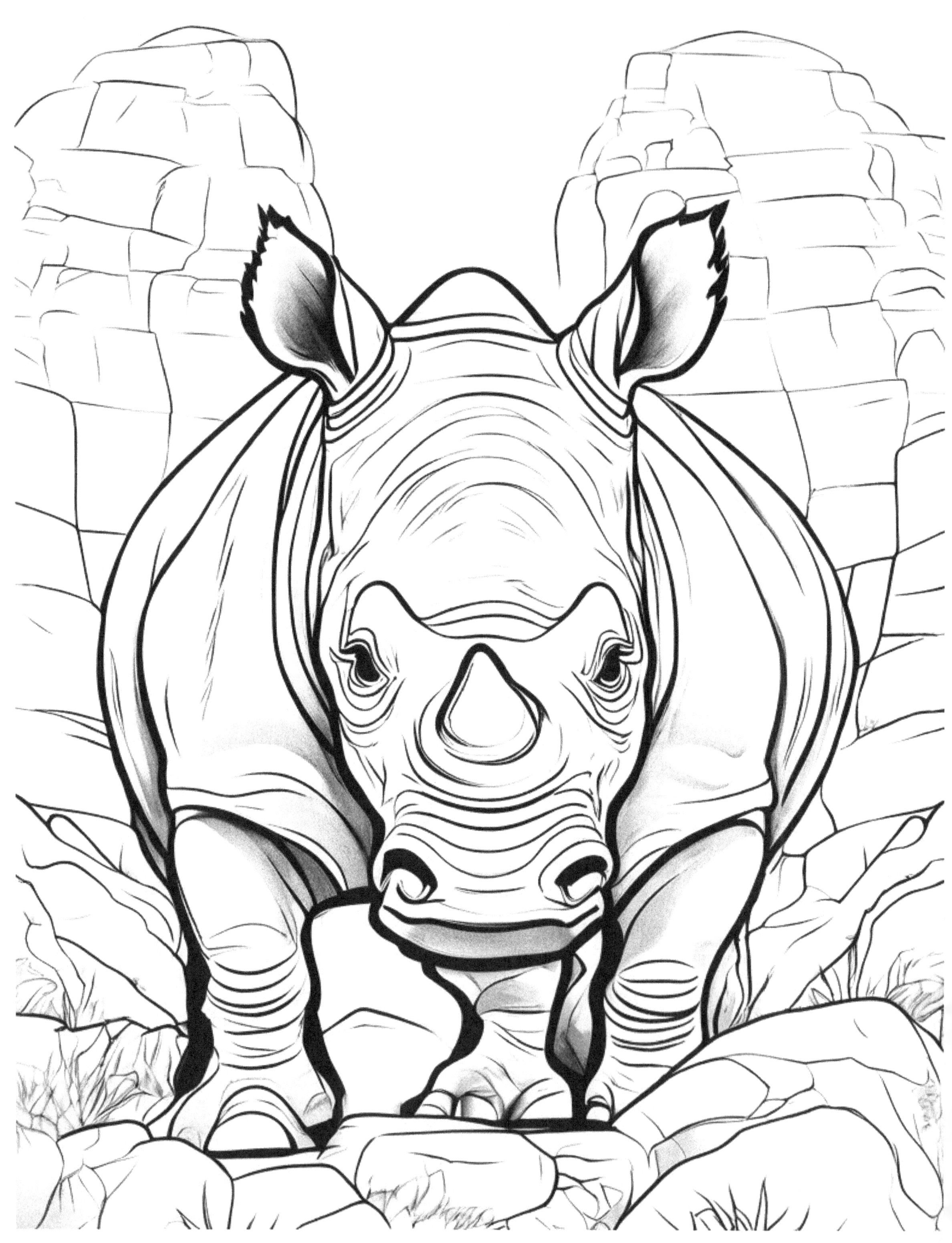

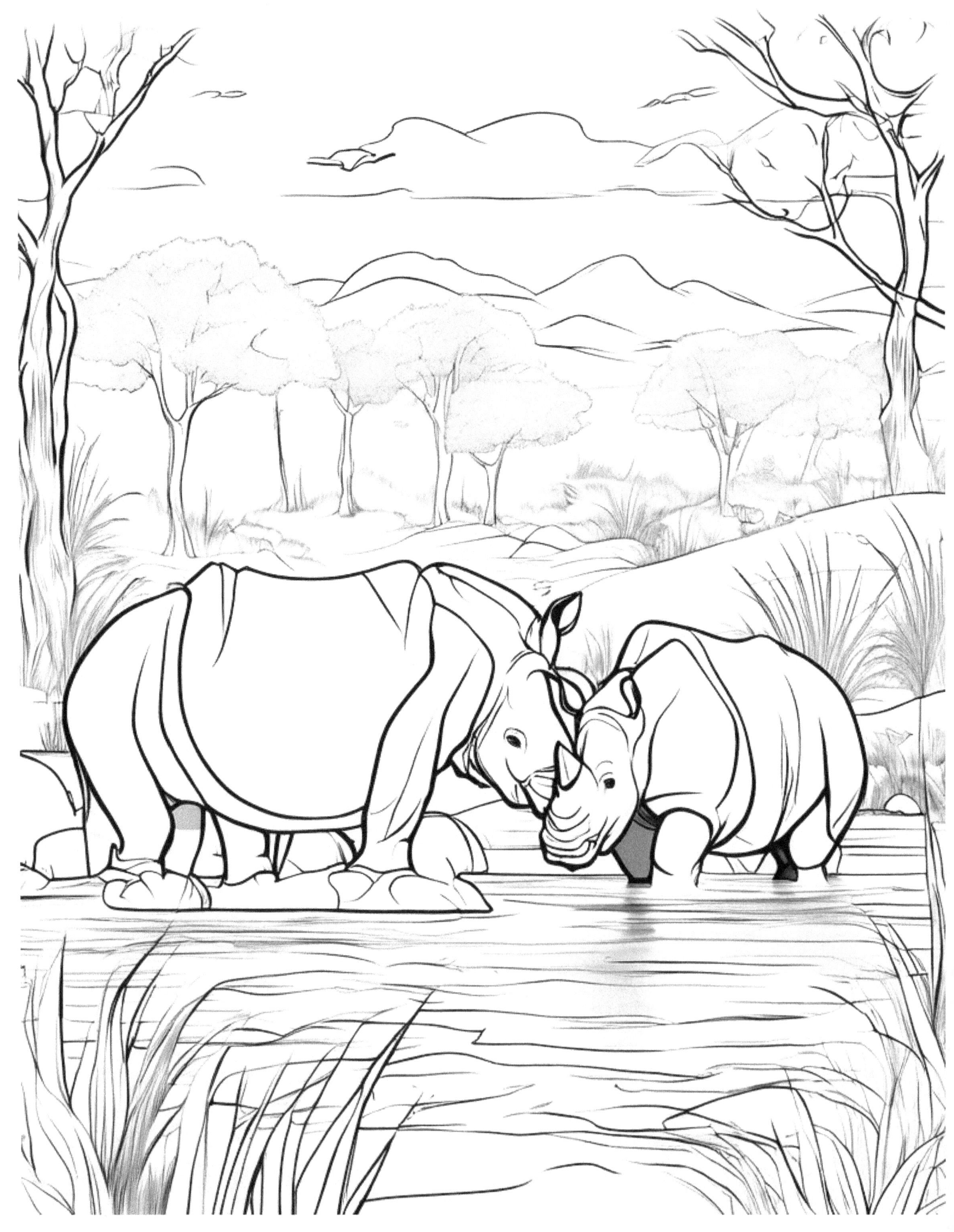

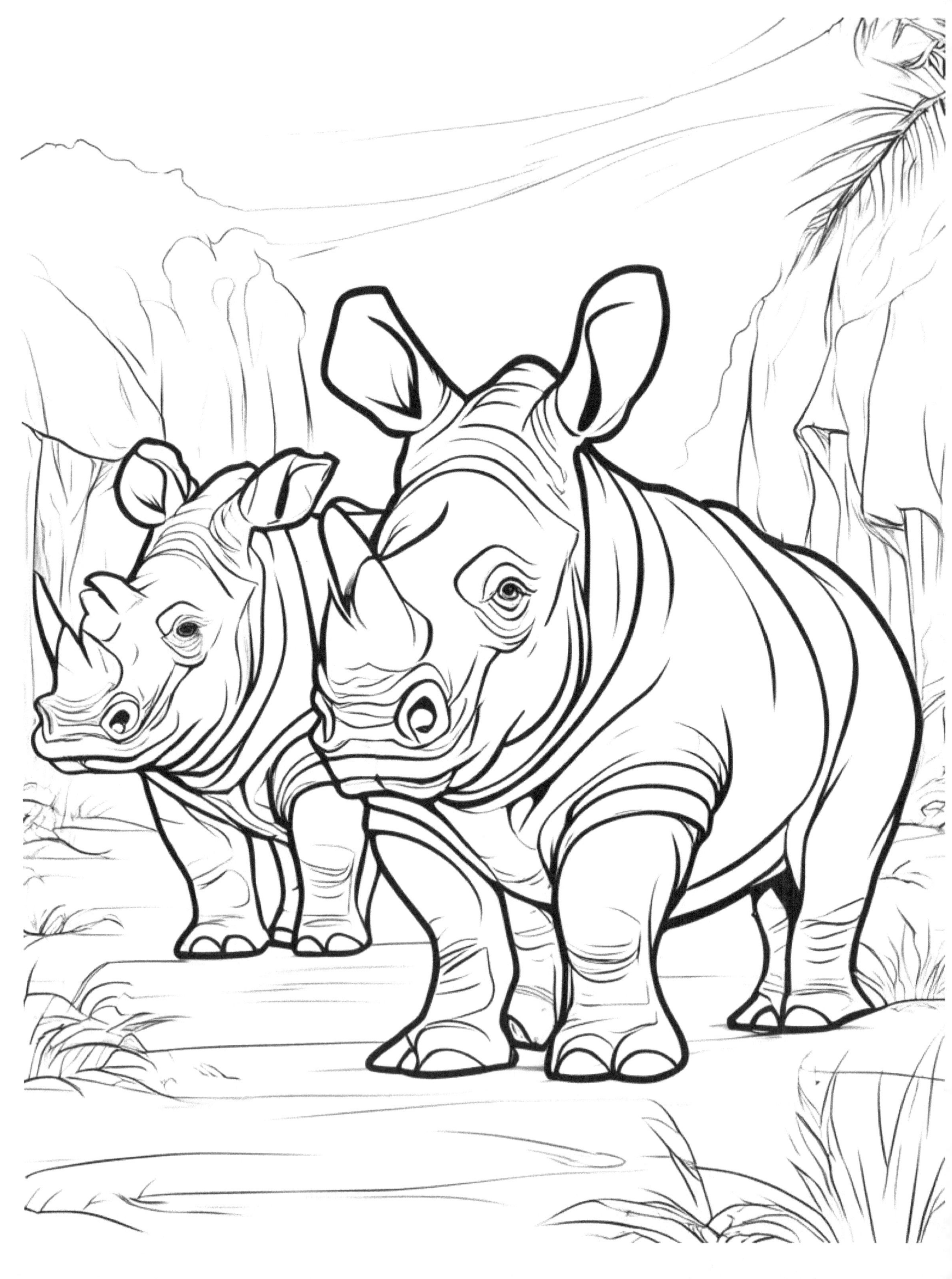

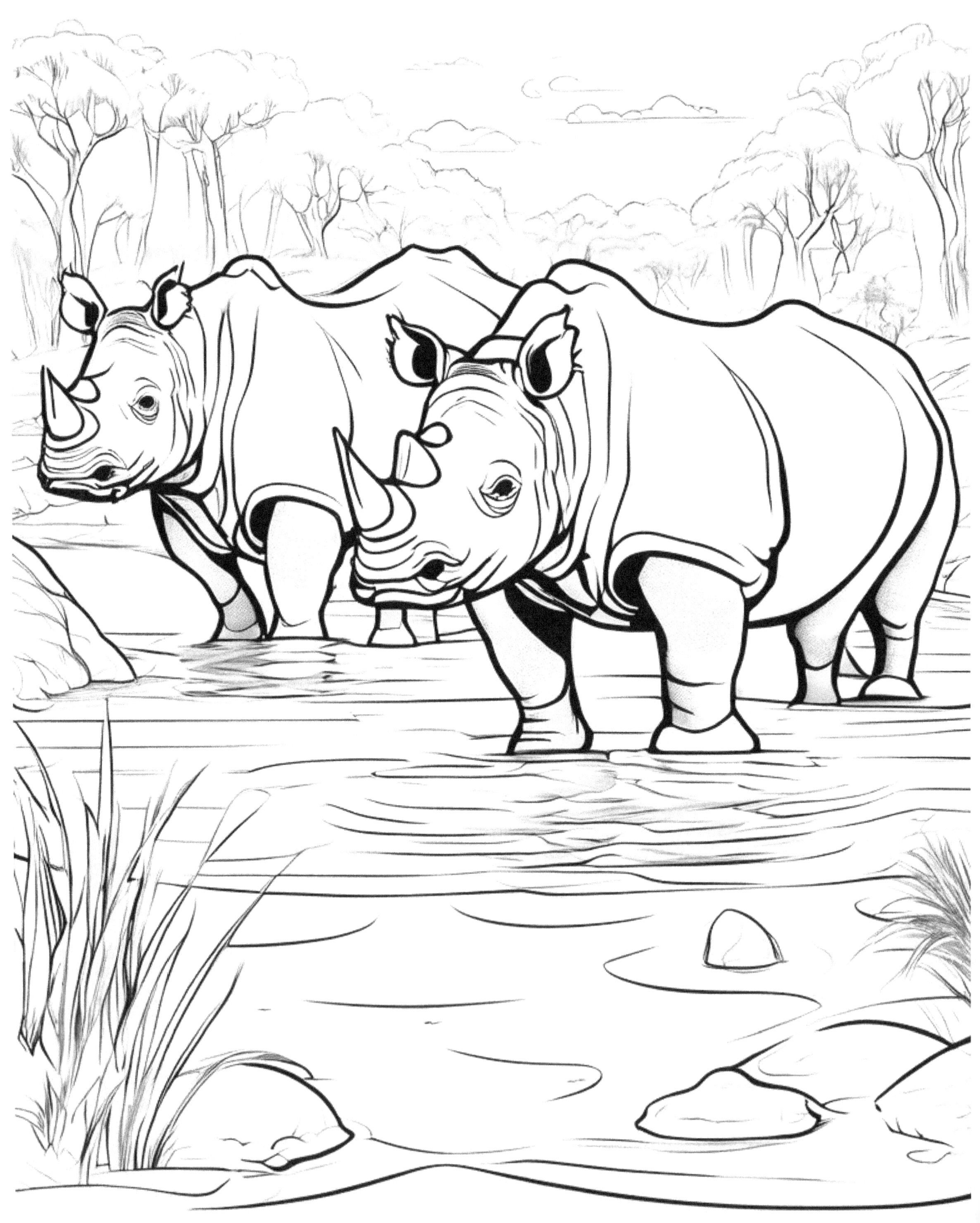

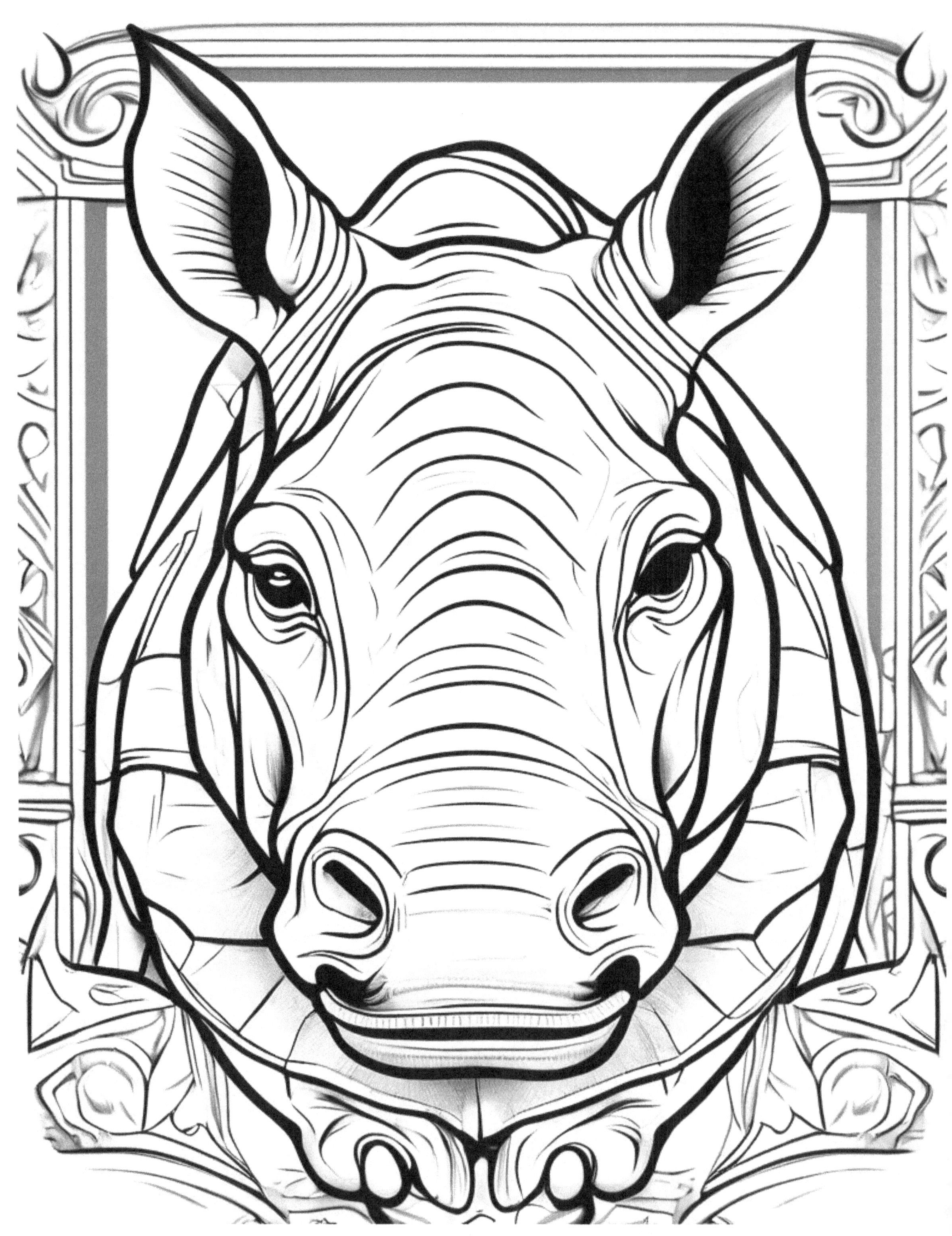

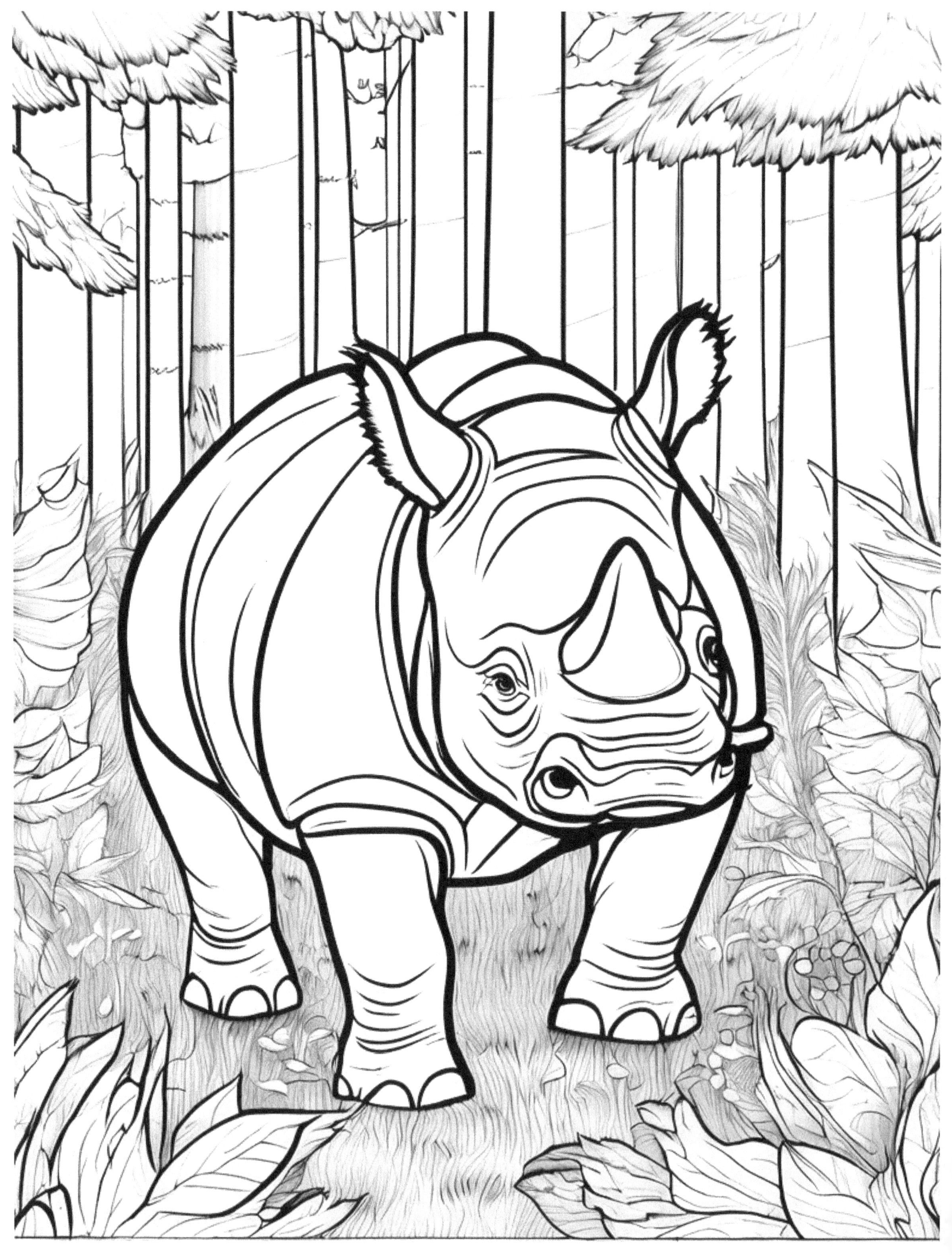

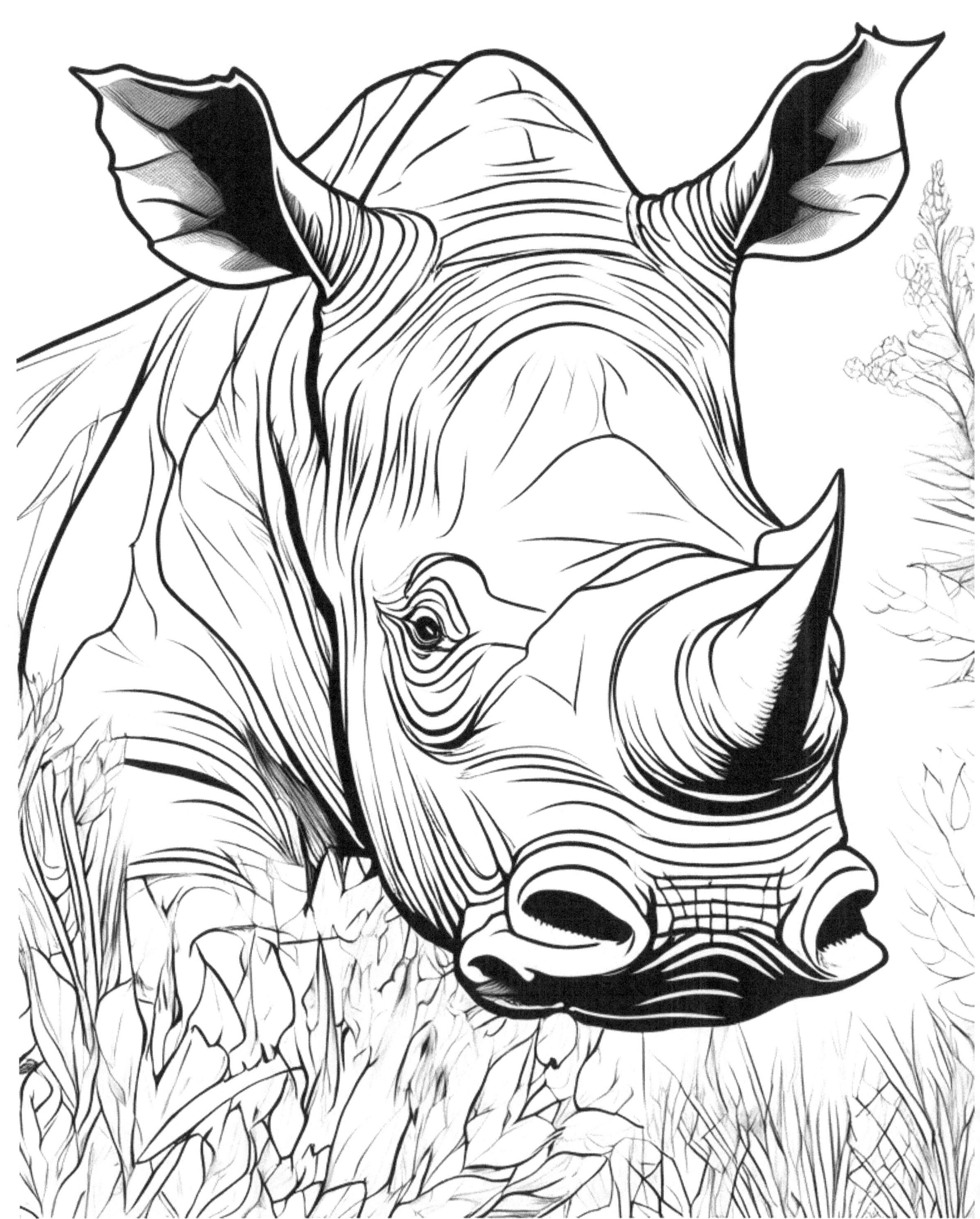

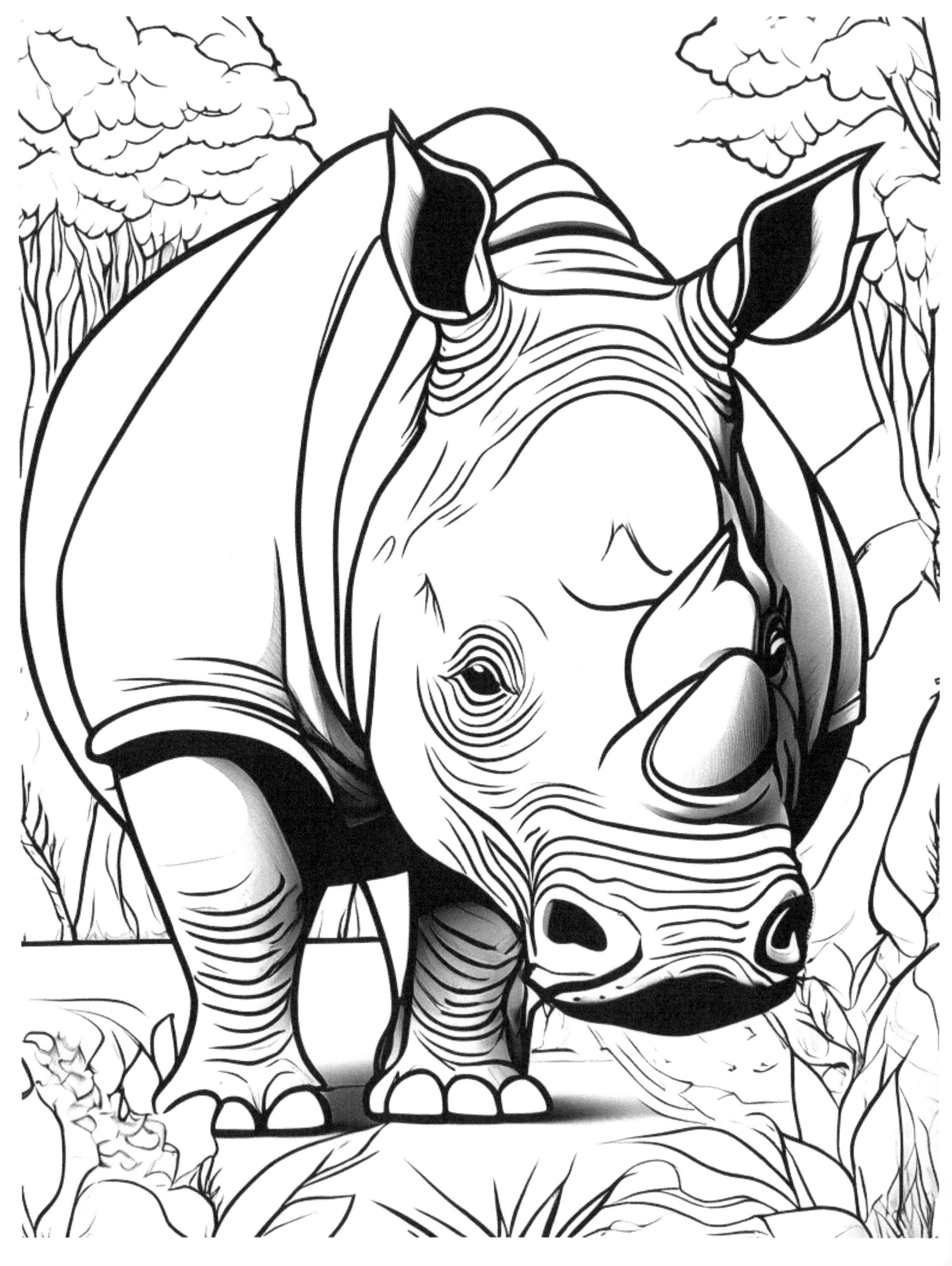